DÉNI DE RESPONSABILITÉ

Ce livre est fourni 'tel quel' et 'tel que disponible', et l'auteur ainsi que l'éditeur ne donnent aucune garantie, expresse ou implicite, quant à l'exactitude, l'intégralité, la fiabilité, la pertinence, la qualité, la disponibilité ou l'actualité des informations, textes, graphiques, liens ou autres éléments contenus dans ce livre.

Ce livre a uniquement un but informatif et ne doit pas être utilisé comme substitut à des conseils médicaux, de santé, diététiques, nutritionnels ou autres conseils professionnels. Avant de commencer tout programme de régime, d'exercice ou de supplémentation, nous vous encourageons vivement à consulter un professionnel de la santé qualifié. L'auteur et l'éditeur déclinent toute responsabilité en cas de dommages ou de pertes liés à l'acquisition, à l'utilisation ou à la dépendance à l'égard de tout contenu de ce livre.

D1670486

Chapitre 1: Comprendre le Trouble de la Personnalité Narcissique

La coparentalité , un terme qui fait référence à l'éducation conjointe des enfants par des parents séparés ou divorcés, est un défi en soi. Mais lorsque l'un des parents présente des traits ou un diagnostic de Trouble de la Personnalité Narcissique (TPN), les défis se multiplient de manière exponentielle. Ce premier chapitre est consacré à comprendre ce qu'est le TPN et comment il affecte la dynamique de la coparentalité.

Le TPN se caractérise par un schéma de grandiosité, le besoin d'admiration et un manque d'empathie. Les personnes atteintes de TPN ont souvent un sentiment exagéré de leur propre importance et un profond désir d'être admirées. Cependant, derrière ce masque de confiance en soi, il y a souvent une estime de soi fragile qui est vulnérable à la moindre critique.

Dans le contexte de la coparentalité, un parent narcissique peut être particulièrement difficile à gérer. Leurs comportements peuvent varier de la sur-contrôle et la critique excessive à la tentative d'aliéner les enfants de l'autre parent, ce qui peut causer des dommages significatifs à la relation parent-enfant.

Une des premières étapes pour naviguer avec succès la coparentalité avec un narcissique est de reconnaître et de comprendre ces comportements. La grandiosité peut se manifester sous la forme d'un sentiment de droit ou d'une attente irréaliste de recevoir un traitement spécial. Le besoin d'admiration peut amener le narcissique à monopoliser les conversations ou à dévaloriser les réalisations des autres, y compris son enfant.

Le manque d'empathie est peut-être l'aspect le plus difficile du TPN en termes de coparentalité. Cela peut entraîner un manque de considération pour les besoins émotionnels des enfants et une incapacité à reconnaître ou à valider leurs sentiments. Cela peut avoir des effets à long terme sur le bien-être émotionnel de l'enfant.

De plus, les parents narcissiques peuvent utiliser des tactiques de manipulation, telles que le gaslighting , pour contrôler ou aliéner leurs enfants. Le gaslighting est un type de manipulation psychologique dans lequel la victime est amenée à douter de sa réalité. Dans le contexte de la coparentalité, cela peut signifier amener l'enfant à remettre en question l'amour ou les intentions de l'autre parent.

Il est crucial de reconnaître que tous les comportements difficiles en coparentalité ne sont pas dus au TPN. Cependant, lorsqu'ils sont présents, ces comportements peuvent créer un environnement toxique et stressant pour tous les personnes impliquées, en particulier pour les enfants.

Pour gérer cette situation, il est important de développer des stratégies d'adaptation efficaces. Celles-ci peuvent inclure l'établissement de limites claires avec le parent narcissique, rechercher un soutien professionnel pour soi-même et les enfants, et apprendre des techniques de communication qui minimisent les conflits.

Définition du Trouble de la Personnalité Narcissique

Le Trouble de la Personnalité Narcissique (TPN) est un trouble mental caractérisé par un schéma de grandiosité, le besoin d'admiration et un manque notable d'empathie envers les autres. Bien qu'il soit souvent associé à une confiance en soi et à une autosuffisance extrêmes, il s'agit en réalité d'une condition complexe et multifacette qui peut avoir un impact profond sur la vie de l'individu et de son entourage.

Le Manuel diagnostique et statistique des troubles mentaux (DSM-5), publié par l'Association américaine de psychiatrie, établit des critères spécifiques pour le diagnostic du TPN. Selon le DSM-5, une personne doit présenter au moins cinq des neuf critères suivants pour être diagnostiquée avec le TPN:

Grandiosité avec Fantasmes de Succès Illimité : Cela inclut une préoccupation pour les fantasmes de succès, de pouvoir, de brillance, de beauté ou d'amour idéal. Les individus atteints de TPN se voient souvent sous un jour positif inégalable.

Croyance d'être Spécial et Unique : Ces personnes se considèrent comme "spéciales" et uniques et croient qu'elles ne peuvent être comprises que par, ou doivent être associées à, d'autres personnes ou institutions spéciales ou de haut statut.

Besoin d'Admiration Excessive : Elles ont un besoin excessif d'être admirées et s'attendent souvent à être au centre de l'attention.

Sens du Droit : Elles font preuve d'un sens du droit, s'attendant à un traitement préférentiel ou à une conformité automatique à leurs attentes.

Exploitation Interpersonnelle : Elles sont prêtes à exploiter les autres pour atteindre leurs propres objectifs, souvent sans tenir compte des sentiments ou des besoins des autres.

Manque d'empathie : Ils montrent un manque d'empathie et ne sont pas disposés à reconnaître ou à s'identifier aux sentiments et aux besoins des autres.

Envie des autres ou croyance que les autres les envient : Ils envient souvent les autres ou croient que les autres les envient.

Comportements ou attitudes arrogants et hautains : Ils peuvent montrer des comportements ou des attitudes arrogants, prétentieux ou hautains.

Vulnérabilité à la critique : Malgré leur apparente confiance en eux, les personnes atteintes de TPN sont souvent vulnérables à la critique et peuvent réagir avec colère ou dédain.

Il est important de noter que le TPN va au-delà d'un simple comportement égocentrique ou d'une estime de soi exagérée. Les individus atteints de TPN connaissent souvent des perturbations importantes dans leur fonctionnement quotidien, leurs relations interpersonnelles et leur image de soi. Bien qu'ils puissent sembler extrêmement sûrs d'eux et souvent dominants, leur estime de soi est généralement fragile et excessivement dépendante de la perception externe.

La recherche suggère que le TPN peut être le résultat d'une interaction complexe de facteurs génétiques, biologiques et environnementaux. Les premières expériences de vie, telles qu'une éducation excessive, critique ou négligente, peuvent contribuer au développement du trouble.

Dans le contexte de la coparentalité , comprendre ces aspects du TPN est essentiel. Cela affecte non seulement la façon dont un parent narcissique peut interagir avec ses enfants, mais aussi la dynamique de la relation avec l'autre parent. Le TPN peut entraîner des conflits fréquents, une communication déficiente et des difficultés dans la gestion des responsabilités partagées de l'éducation des enfants.

Il est donc essentiel que le co -parent comprenne non seulement les caractéristiques du TPN, mais aussi les implications de ces caractéristiques dans la coparentalité . Cette connaissance fournit une base pour développer des stratégies d'adaptation efficaces et protéger le bien-être émotionnel et psychologique des enfants. Dans les prochains chapitres, nous explorerons comment mettre en œuvre ces stratégies dans des situations quotidiennes de coparentalité, en mettant l'accent sur la protection des enfants et le maintien de sa propre santé mentale.

Identification des Traits et Comportements Courants chez les Individus Narcissiques

Les individus narcissiques présentent une série de traits et de comportements caractéristiques qui peuvent se manifester de différentes manières dans leur vie quotidienne. Ces traits, allant de la grandiosité au manque d'empathie, ont un impact significatif non seulement sur leur propre vie, mais aussi sur celle de ceux qui les entourent, notamment dans les situations de coparentalité. À travers des exemples et des études de cas, nous explorerons ces traits pour offrir une compréhension plus approfondie de la façon dont les individus narcissiques interagissent avec le monde.

Grandiosité : La grandiosité est l'un des traits les plus identifiables du narcissisme. Elle se caractérise par une exagération des réalisations et des compétences personnelles, souvent accompagnée d'attentes irréalistes d'être reconnu comme supérieur sans réalisations proportionnelles. Par exemple, un parent narcissique pourrait exagérer ses succès professionnels ou personnels et s'attendre à ce que ses enfants et son ex-partenaire l'admirent inconditionnellement pour ces raisons, même lorsque ces affirmations sont infondées ou exagérées.

Manque d'empathie : Le manque d'empathie est un autre signe distinctif. Les individus narcissiques ont souvent du mal à reconnaître ou à s'identifier aux sentiments et aux besoins des autres. Dans le contexte de la coparentalité, cela peut se manifester par l'incapacité d'un parent à comprendre et à répondre aux besoins émotionnels de ses enfants, en plaçant ses propres désirs et besoins au-dessus de ceux de ses enfants.

Besoin d'attention et d'admiration : Le besoin constant d'attention et d'admiration est également courant. Les narcissiques cherchent continuellement la reconnaissance et la validation des autres pour renforcer leur estime de soi. Ils peuvent exiger des compliments constants et réagir négativement à la critique. Dans le cadre familial, cela pourrait se traduire par un parent narcissique qui exige de ses enfants une attention et une adoration excessives, souvent au détriment des besoins émotionnels des enfants.

Sens du Droit: Le sens du droit implique une attente de traitement préférentiel et une croyance selon laquelle ils méritent plus que les autres. Par exemple, un parent narcissique peut exiger de la flexibilité dans les horaires de visite ou les décisions d'éducation, sans tenir compte des accords préalablement établis ou des besoins de son ex-partenaire ou de ses enfants.

Manipulation et Contrôle: Les narcissiques utilisent souvent la manipulation et le contrôle pour maintenir le pouvoir et l'influence dans leurs relations. Cela peut inclure des tactiques telles que le gaslighting , où l'individu déforme la réalité pour faire douter les autres de leurs propres perceptions ou souvenirs. Dans un scénario de coparentalité, cela pourrait se manifester par une tentative de contrôler ou d'influencer indûment la perception que les enfants ont de l'autre parent.

Sensibilité à la Critique: Malgré leur confiance apparente, les narcissiques sont souvent extrêmement sensibles à la critique. Ils peuvent réagir avec colère ou mépris à toute suggestion de défaut ou de faille. Dans la relation de coparentalité, cela peut entraîner des conflits importants si l'autre parent tente d'aborder des préoccupations ou des problèmes liés à l'éducation des enfants.

Études de cas: Pour illustrer ces traits, considérons le cas de "Marta". Marta est une mère narcissique qui a constamment besoin d'être au centre de l'attention lors de toutes les réunions familiales. Elle s'attend à ce que ses enfants la complimentent constamment et se met en colère lorsqu'ils ne le font pas. Marta a également du mal à comprendre les besoins émotionnels de ses enfants, les ignorant souvent au profit de ses propres désirs. De plus, elle exige de la flexibilité dans les arrangements de coparentalité, mais refuse d'offrir la même courtoisie à son ex-partenaire.

Dans un autre cas, "Carlos", un père narcissique, utilise des tactiques de manipulation pour influencer la façon dont ses enfants voient leur mère. Il déforme constamment la réalité pour faire douter les enfants des actions et des paroles de leur mère, une tactique classique de gaslighting.

Comprendre ces traits et comportements est essentiel pour ceux qui sont impliqués dans la coparentalité avec une personne narcissique. Cela fournit la base pour développer des stratégies efficaces pour gérer la relation et protéger le bien-être des enfants. Dans les chapitres suivants, nous aborderons comment faire face à ces défis et créer un environnement d'éducation sain et équilibré pour les enfants.

Comprendre l'Impact du Narcissisme sur la Dynamique de la Coparentalité

La coparentalité avec une personne présentant des traits narcissiques implique de faire face à une série de défis uniques qui affectent profondément la dynamique de la relation entre les parents et, par extension, le bien-être des enfants. Les caractéristiques inhérentes au narcissisme, telles que la grandiosité, le manque d'empathie et le besoin d'admiration, peuvent fausser les interactions quotidiennes et compliquer le processus d'éducation conjointe des enfants. Cette analyse vise à comprendre comment ces traits affectent la coparentalité et quelles stratégies peuvent être utilisées pour gérer efficacement ces dynamiques.

Dynamiques de Pouvoir Inégales : L'un des aspects les plus difficiles de la coparentalité avec un narcissique est la tendance à établir une dynamique de pouvoir inégale. Les narcissiques cherchent souvent à contrôler et dominer les situations, ce qui peut se manifester par des tentatives de prendre des décisions unilatérales concernant des aspects importants de l'éducation des enfants. Cela peut entraîner une lutte constante pour le pouvoir, où le parent non narcissique se sent marginalisé ou contraint de céder aux demandes du narcissique pour éviter les conflits.

Défis dans la Communication: La communication efficace est cruciale dans la coparentalité, mais peut être particulièrement difficile avec un parent narcissique. Ces individus peuvent déformer la vérité, nier les réalités ou utiliser la communication comme une forme de manipulation. De plus, leur sensibilité à la critique et leur besoin d'avoir toujours raison peuvent entraîner des discussions infructueuses et un dialogue peu constructif. Établir des méthodes de communication claires et respectueuses, souvent avec l'aide de médiateurs ou de conseillers, peut être essentiel pour surmonter ces obstacles.

Conflits Constantes: Les traits narcissiques peuvent entraîner des conflits continus, des désaccords sur les horaires aux discussions sur les valeurs parentales. Ces conflits découlent souvent de l'incapacité du narcissique à prendre en compte les besoins ou les points de vue des autres. Dans certains cas, le narcissique peut même utiliser le conflit comme moyen de maintenir le contrôle ou l'attention sur lui-même.

Stratégies pour Gérer la Dynamique de Coparentalité : Malgré les défis, il existe des stratégies qui peuvent être utilisées pour gérer la relation de coparentalité avec une personne narcissique:

Établir des Limites Claires: Il est essentiel d'établir et de maintenir des limites fermes. Cela inclut des limites dans la communication, comme éviter les discussions inutiles ou ne répondre qu'aux communications qui sont directement liées au bien-être des enfants.

Utiliser la Communication Écrite: La communication écrite peut aider à garder une trace des interactions et à éviter les malentendus. De plus, cela permet de prendre le temps de considérer les réponses attentivement, en évitant les réactions impulsives.

Rechercher un Soutien Professionnel: La thérapie ou le conseil peuvent être des outils précieux tant pour le parent qui coparente que pour les enfants. Un professionnel peut fournir des stratégies d'adaptation et aider à naviguer dans la relation de manière plus saine.

Se concentrer sur les besoins des enfants : Maintenir le focus sur le bien-être des enfants peut aider à prioriser les décisions et réduire l'impact des luttes de pouvoir.

Éviter les jeux de pouvoir : Il est important d'éviter de s'impliquer dans des jeux de pouvoir ou des manipulations. Maintenir une position ferme et centrée sur les faits peut aider à désamorcer les situations conflictuelles.

En conclusion, bien que la coparentalité avec un narcissique présente des défis uniques, avec des stratégies appropriées et du soutien, il est possible de créer un environnement d'éducation fonctionnel et sain. Comprendre la nature du narcissisme et comment cela affecte la dynamique de la coparentalité est la première étape pour développer une approche efficace qui protège le bien-être des enfants et maintient la santé mentale et émotionnelle des deux parents.

Chapitre 2: Effets de la Coparentalité Narcissique sur les Enfants

Élever un enfant vient toujours avec ses défis, mais lorsque l'un des parents présente des traits narcissiques, ces défis peuvent devenir encore plus complexes et avoir un impact durable sur le développement émotionnel et psychologique de l'enfant. Dans ce chapitre, nous explorerons comment la coparentalité avec une personne narcissique peut affecter les enfants, en mettant l'accent sur l'impact émotionnel et psychologique, les signes d'aliénation parentale et leurs conséquences, ainsi que les effets à long terme sur le bien-être et l'estime de soi des enfants.

L'impact émotionnel et psychologique d'avoir un parent narcissique est profond. Ces enfants grandissent souvent dans un environnement où leurs besoins émotionnels sont systématiquement ignorés ou sous-estimés. Le besoin d'attention et d'admiration du parent narcissique peut conduire à une dynamique familiale où l'enfant se sent obligé de rivaliser pour l'amour et l'attention. Cela peut entraîner divers problèmes émotionnels tels que la faible estime de soi, l'anxiété et la dépression. Les enfants peuvent apprendre à associer l'amour et l'attention à la satisfaction des demandes du parent narcissique, ce qui fausse leur compréhension des relations saines.

Un autre aspect préoccupant de la coparentalité narcissique est l'aliénation parentale. L'aliénation parentale se produit lorsque l'enfant se retourne contre un parent en raison de l'influence manipulatrice de l'autre. Dans le cas d'un parent narcissique, cela peut être une tactique consciente ou inconsciente pour contrôler l'enfant et miner la relation avec l'autre parent. Les signes d'aliénation parentale incluent des changements de comportement de l'enfant envers le parent aliéné, tels que l'hostilité injustifiée, la peur ou le rejet. Les conséquences de l'aliénation parentale sont graves et peuvent inclure la destruction de la relation entre l'enfant et le parent aliéné, ainsi que des problèmes psychologiques à long terme pour l'enfant.

De plus, les effets à long terme de grandir avec un parent narcissique peuvent être significatifs. Les enfants peuvent développer des problèmes de confiance, des difficultés dans les relations interpersonnelles et une image déformée d'eux-mêmes et des autres. Ils peuvent intérioriser les messages négatifs du parent narcissique, ce qui entraîne une estime de soi endommagée et une vision pessimiste du monde. Ils peuvent également développer leurs propres traits narcissiques ou des comportements de codependance dans le but de naviguer dans leur environnement familial.

Pour aborder ces problèmes, il est essentiel que l'autre parent, ainsi que les professionnels impliqués dans la vie de l'enfant, tels que les enseignants et les conseillers, soient conscients de ces effets potentiels et travaillent à les atténuer. Cela peut inclure la création d'un environnement émotionnellement sûr et stable, offrir un soutien psychologique lorsque cela est nécessaire, et enseigner à l'enfant des compétences pour gérer et comprendre ses émotions et ses relations de manière saine.

En résumé, les enfants de parents narcissiques sont confrontés à des défis uniques qui peuvent avoir un impact significatif sur leur développement émotionnel et psychologique. Reconnaître ces défis et comprendre comment les aborder est crucial pour assurer le bien-être et le développement sain de ces enfants. Tout au long de ce chapitre, nous explorerons plus en détail chacun de ces aspects, en offrant une vision globale des effets de la coparentalité narcissique et en fournissant des outils pour soutenir les enfants affectés par cette dynamique.

Comprendre l'Impact Émotionnel et Psychologique chez les Enfants

Les enfants élevés par des parents présentant des traits narcissiques font face à des défis émotionnels et psychologiques uniques. Ces défis découlent de la nature du trouble narcissique, qui se caractérise par un manque d'empathie, le besoin d'attention et d'admiration, et une focalisation sur ses propres besoins au détriment des autres. Cet environnement peut laisser une empreinte durable sur le bien-être émotionnel d'un enfant.

Faible Estime de Soi : Une faible estime de soi est une conséquence courante chez les enfants de parents narcissiques. Ces parents se concentrent souvent sur leurs propres besoins et désirs, ce qui peut faire sentir aux enfants qu'ils ne sont pas valorisés ou invisibles. Les critiques constantes et les comparaisons défavorables avec les autres, des tactiques couramment utilisées par les parents narcissiques, peuvent éroder l'estime de soi des enfants. Ils peuvent commencer à croire qu'ils ne méritent pas l'amour ou l'attention à moins de répondre à certains critères, souvent impossibles à atteindre.

Anxiété et Dépression : Le manque de soutien émotionnel et l'environnement imprévisible créé par un parent narcissique peuvent conduire à l'anxiété et à la dépression. Les enfants peuvent se sentir constamment en état d'alerte, essayant d'anticiper et de satisfaire les demandes de leur parent narcissique pour éviter les critiques ou les punitions. Cette pression constante et la peur de la désapprobation peuvent entraîner des troubles anxieux. De plus, le sentiment d'être perpétuellement insatisfait et non apprécié peut conduire à la dépression.

Difficultés dans la Régulation Émotionnelle : Les enfants ayant des parents narcissiques luttent souvent avec la régulation émotionnelle. Ils peuvent montrer des émotions intenses et avoir du mal à les gérer de manière appropriée. Cela peut être le résultat de ne pas avoir appris des compétences émotionnelles saines à la maison. Dans un environnement où leurs émotions sont ignorées ou punies, les enfants n'ont pas l'occasion de développer une compréhension saine de leurs sentiments et de la façon de les exprimer.

Problèmes dans les Relations Futures: L'expérience de grandir avec un parent narcissique peut affecter les relations futures des enfants. Ils peuvent développer une tendance à former des relations codépendantes ou à chercher l'approbation des autres de manière compulsive. Alternativement, ils peuvent devenir introvertis et craintifs de former des liens étroits, par peur d'être blessés ou rejetés.

Développement de Traits Narcissiques ou Codépendants : Certains enfants peuvent imiter le comportement narcissique de leur père comme mécanisme de survie. Cela peut inclure le développement d'une façade de supériorité et de manque d'empathie. D'autres peuvent aller dans la direction opposée, en développant des comportements codépendants, en mettant les besoins des autres avant les leurs, dans une tentative d'éviter le rejet ou la critique.

En résumé, l'impact émotionnel et psychologique d'un parent narcissique sur les enfants est profond et multifacette. Les effets de vivre dans un environnement où leurs émotions et leurs besoins sont constamment négligés ou invalidés peuvent persister longtemps après l'enfance. Il est crucial de reconnaître et de faire face à ces défis pour aider les enfants à développer une estime de soi saine, des compétences de régulation émotionnelle et des relations interpersonnelles saines. Dans les sections suivantes, nous explorerons plus en détail les stratégies pour soutenir les enfants dans ces environnements et atténuer les effets négatifs de la coparentalité narcissique.

Reconnaître les Signes d'Aliénation Parentale et leurs Conséquences

L'aliénation parentale est un phénomène préoccupant et malheureusement courant dans les situations où l'un des parents présente des traits narcissiques. Cette tactique consiste à manipuler psychologiquement les enfants pour qu'ils rejettent, craignent ou se méfient de l'autre parent. Ce processus, souvent subtil et progressif, peut avoir des conséquences dévastatrices sur le bien-être émotionnel et le développement de l'enfant, ainsi que sur la relation avec les deux parents.

Dans un contexte de coparentalité narcissique, l'aliénation parentale peut prendre plusieurs formes. Le parent narcissique peut faire des commentaires négatifs sur l'autre parent, déformer les faits pour remettre en question sa compétence ou son amour, voire créer un récit dans lequel il se présente comme la seule figure parentale capable et aimante. Ces actions, bien qu'elles puissent sembler inoffensives au début, ont le potentiel de semer le doute et la peur dans l'esprit de l'enfant.

Un des premiers signes d'aliénation parentale est le changement de perception et de comportement de l'enfant envers le parent aliéné. Ils peuvent commencer à le rejeter, se montrer hostiles ou indifférents, et même répéter les critiques ou accusations qu'ils ont entendues du parent aliénant. Ces changements sont souvent déconcertants et douloureux pour le parent aliéné, qui peut ne pas comprendre la raison de ce changement soudain et profond dans l'attitude de son enfant.

L'aliénation parentale n'affecte pas seulement la relation de l'enfant avec le parent aliéné, mais peut également avoir un impact significatif sur son développement émotionnel et psychologique. Les enfants qui sont victimes de cette manipulation peuvent rencontrer une série de problèmes émotionnels et comportementaux. Ils peuvent se sentir pris dans un conflit de loyauté, ce qui entraîne de l'anxiété, de la dépression et une sensation d'instabilité. La confusion quant à qui croire et à qui être loyal peut entraîner une perte de confiance en leurs propres perceptions et sentiments.

De plus, l'aliénation parentale peut amener les enfants à internaliser les critiques négatives envers le parent aliéné, ce qui affecte leur image de soi et leur estime de soi. Ils peuvent commencer à croire que si une partie de leurs parents est 'mauvaise' ou 'indésirable', ils doivent aussi l'être, car ils font partie des deux parents. Cette distorsion peut entraîner des problèmes d'identité et des difficultés dans les relations futures.

À long terme, l'aliénation parentale peut avoir des conséquences graves sur la capacité de l'enfant à former et maintenir des relations saines. Ils peuvent développer une vision cynique ou méfiante des relations intimes et lutter contre l'intimité et la vulnérabilité. L'expérience d'être manipulé par un parent peut entraîner une peur persistante d'être trompé ou trahi dans d'autres relations.

Il est essentiel pour le bien-être de l'enfant que l'aliénation parentale soit reconnue et traitée dès que possible. Cela peut impliquer l'intervention de professionnels de la santé mentale, tels que des thérapeutes ou des conseillers, qui peuvent travailler avec la famille pour démêler la manipulation et restaurer la relation entre l'enfant et le parent aliéné. Il est également crucial pour le parent aliéné de maintenir une attitude d'ouverture, d'amour et de patience, en évitant de tomber dans le jeu des accusations ou de riposter avec ses propres tactiques d'aliénation.

Comprendre les effets à long terme sur le bien-être et l'estime de soi des enfants

Grandir avec un parent narcissique peut laisser des traces durables sur le bien-être et l'estime de soi des enfants. Cette situation familiale unique présente des défis qui peuvent influencer de manière significative la façon dont les enfants se voient eux-mêmes et les autres, ainsi que leur capacité à établir des relations saines à l'avenir.

Impact sur la capacité à former des relations saines : l'un des effets les plus significatifs d'avoir un parent narcissique est la difficulté que les enfants peuvent rencontrer pour former et maintenir des relations saines. En grandissant dans un environnement où les relations sont souvent unilatérales et basées sur la manipulation ou la satisfaction des besoins du parent narcissique, les enfants peuvent développer une compréhension déformée de ce qui constitue une relation normale et saine. Cela peut conduire, à l'âge adulte, à répéter des schémas de codependance ou, au contraire, à éviter l'intimité par peur d'être exploités ou blessés.

Défis dans la Confiance: La confiance est un autre aspect crucial qui peut être affecté. Les enfants qui grandissent avec un parent narcissique apprennent souvent que les figures d'autorité ne sont pas fiables, car ils peuvent avoir vécu des tromperies, des manipulations et des promesses non tenues. Cette méfiance peut s'étendre à d'autres relations, amenant les enfants à douter de la sincérité et des intentions des autres, ce qui peut entraîner des relations interpersonnelles tendues et méfiantes.

Développement de l'Image de Soi: L'image de soi et l'estime de soi peuvent également être considérablement compromises. Les enfants peuvent intérioriser les critiques et le mépris du parent narcissique, ce qui les amène à se sentir insuffisamment bons, intelligents ou dignes d'amour. Cette image négative d'eux-mêmes peut persister à l'âge adulte, affectant leur confiance, leurs décisions et la façon dont ils interagissent avec le monde.

Stratégies pour atténuer ces effets: Malgré ces défis, il existe des stratégies qui peuvent aider à atténuer les effets négatifs de grandir avec un parent narcissique et promouvoir un développement sain:

Thérapie et soutien psychologique: L'intervention précoce d'un thérapeute ou d'un conseiller peut être inestimable. La thérapie peut offrir aux enfants un espace sûr pour explorer leurs sentiments, mieux comprendre leur situation familiale et développer des stratégies pour gérer leurs émotions et leurs relations de manière saine.

Éducation et sensibilisation: Éduquer les enfants sur le narcissisme et ses effets peut les aider à comprendre que les problèmes dans leur famille ne sont pas de leur faute. Cela peut être une étape importante pour démystifier les comportements du parent narcissique et favoriser une plus grande résilience.

Modélisation de Relations Saines: Il est important que les enfants voient et vivent des relations saines, que ce soit avec l'autre parent, les membres de la famille, les amis ou les mentors. Ces relations peuvent servir de modèles et apprendre aux enfants ce que signifie avoir des interactions saines et respectueuses.

Développement de l'Estime de Soi: Encourager l'estime de soi et la confiance en soi est crucial. Cela peut inclure encourager les intérêts et les passe-temps de l'enfant, célébrer ses réussites et renforcer positivement ses qualités et ses compétences.

Création d'un Environnement Stable et Prévisible: Fournir un environnement domestique stable et prévisible peut aider à contrer l'incertitude et le chaos souvent associés à la coparentalité narcissique. Un environnement cohérent et aimant peut fournir le soutien et la sécurité dont les enfants ont besoin pour s'épanouir.

Chapitre 3: Établir des limites et maintenir sa santé mentale

Dans le chemin difficile de la coparentalité avec une personne narcissique, établir des limites claires et maintenir sa propre santé mentale deviennent des tâches cruciales. Ce chapitre est consacré à fournir des stratégies concrètes pour y parvenir, en mettant l'accent sur l'importance d'identifier les limites personnelles et les besoins propres, de communiquer de manière assertive avec un coparent narcissique et de pratiquer l'auto-soin et des mécanismes de gestion du stress.

Une des premières étapes de ce processus est de reconnaître et définir ses propres limites personnelles. Cela signifie comprendre jusqu'où nous sommes prêts à aller dans nos interactions et à quel moment les lignes de notre confort et de notre respect propre sont franchies. Identifier ces limites est essentiel pour ne pas tomber dans le piège des comportements manipulateurs et exigeants du narcissique.

Une fois les limites identifiées, le prochain défi est de les communiquer de manière assertive au coparent narcissique. Cela nécessite une communication claire, directe et sans ambiguïté, exprimant nos besoins et attentes d'une manière ferme mais respectueuse. Il est crucial d'éviter d'être confrontationnel ou agressif, car cela pourrait provoquer une réaction négative. Au lieu de cela, il s'agit d'être cohérent et clair dans nos communications, établissant ce qui est acceptable et ce qui ne l'est pas dans notre interaction.

De plus, l'importance de l'auto-soin ne peut être sous-estimée dans ces circonstances. Vivre et coparentaliser avec une personne narcissique peut être une source constante de stress et d'anxiété, il est donc essentiel de trouver des moyens de prendre soin de soi. L'auto-soin peut prendre de nombreuses formes, des activités qui favorisent la détente et le bien-être à la recherche de soutien émotionnel auprès d'amis, de membres de la famille ou de professionnels. Inclure des activités qui nous rendent heureux et nous déconnectent des tensions de la coparentalité est essentiel pour maintenir un équilibre émotionnel sain.

Un autre outil important dans ce processus est le développement de mécanismes de gestion du stress. Cela peut inclure des techniques de pleine conscience , des exercices de respiration, la pratique régulière d'exercice physique ou toute activité qui aide à libérer la tension et à maintenir le calme dans les situations difficiles. L'objectif est de trouver des moyens de gérer les émotions de manière saine, sans laisser les conflits et les défis de la coparentalité nous submerger.

Ce chapitre abordera également la façon de gérer des situations spécifiques qui peuvent survenir dans la coparentalité avec un narcissique, comme la manipulation, les tentatives de franchir les limites établies ou la communication hostile. Des conseils pratiques et des exemples seront donnés sur la façon de gérer ces situations en maintenant l'intégrité et le calme.

Identification des limites et des besoins personnels

Identifier les limites et les besoins personnels est essentiel pour naviguer dans la complexité de la coparentalité avec une personne narcissique. Comprendre et respecter ces limites protège non seulement la santé mentale et émotionnelle, mais établit également les bases d'une dynamique de coparentalité plus saine et durable.

Dans le contexte de la coparentalité avec un narcissique, il est courant que les limites personnelles soient remises en question ou ignorées. Le narcissique peut essayer de franchir ces limites en faisant des demandes déraisonnables, en manipulant émotionnellement ou même en critiquant et en dévalorisant. Il est donc crucial que le coparent non narcissique ait une compréhension claire et ferme de ses propres limites.

Reconnaître et définir ces limites personnelles implique une profonde introspection. Il s'agit de faire un bilan honnête de ce que l'on est prêt à tolérer, de combien on peut compromettre et où tracer la ligne. Cela peut inclure des limites dans la communication, comme décider de ne pas répondre aux messages en dehors de certaines heures ou refuser de participer à des discussions abusives ou méprisantes.

De plus, il est important d'identifier les besoins personnels. Ceux-ci peuvent être des besoins émotionnels, tels que le besoin d'être respecté et écouté, ou des besoins pratiques, tels que le temps pour soi-même ou le soutien dans l'éducation des enfants. Reconnaître ces besoins est la première étape pour les satisfaire, et c'est essentiel pour maintenir un équilibre dans la vie et éviter l'épuisement.

Une fois que les limites et les besoins personnels ont été identifiés, la prochaine étape consiste à les communiquer de manière efficace au coparent narcissique. Cela implique d'être clair et direct, en évitant l'ambiguïté. Il est important d'exprimer ces limites de manière ferme mais non confrontationnelle. Par exemple, on peut dire : "J'ai besoin que tu respectes mes heures de repos et que tu ne me contactes pas après 20 heures, sauf en cas d'urgence".

Cependant, communiquer les limites à un narcissique peut être difficile, car il est possible qu'ils ne les respectent pas ou les voient même comme un défi. Il est donc crucial d'être prêt à renforcer ces limites de manière cohérente. Cela peut impliquer de rappeler au narcissique les limites établies lorsqu'ils essaient de les franchir et de rester ferme sur les conséquences établies si les limites sont violées.

En plus d'établir des limites avec le coparent, il est tout aussi important de s'imposer des limites dans la réaction à ses comportements. Cela signifie ne pas permettre que les actions ou les paroles du narcissique dictent les émotions ou les réponses personnelles. Développer une certaine mesure de détachement émotionnel peut être utile pour maintenir la sérénité et ne pas tomber dans les provocations.

En résumé, identifier et maintenir les limites et les besoins personnels est un outil puissant dans la coparentalité avec un narcissique. Cela permet d'établir une dynamique où les besoins et le bien-être propres sont respectés, tout en gérant la relation d'une manière plus saine pour tous les impliqués, y compris les enfants. Ce processus est non seulement bénéfique pour la santé mentale et émotionnelle du coparent non narcissique, mais il sert également de modèle positif pour les enfants sur la façon d'établir et de maintenir des relations saines et respectueuses.

Communiquer de manière assertive avec un coparent narcissique

La communication avec un coparent narcissique peut être un terrain compliqué et souvent conflictuel. Faire face à cette tâche nécessite non seulement de la patience et de la résilience, mais aussi une approche assertive et stratégique. Cette section se concentrera sur des stratégies de communication efficaces qui aident à maintenir les limites et à réduire les conflits.

Communication assertive: L'assertivité est essentielle dans l'interaction avec un coparent narcissique. Être assertif signifie exprimer clairement et respectueusement ce que l'on pense et ce dont on a besoin, sans être agressif ni passif. Cela implique d'utiliser un langage clair et direct, de rester calme, même dans des situations de stress ou de provocation. Par exemple, au lieu de dire "Tu ne prends jamais mes préoccupations au sérieux", on pourrait dire "Il est important pour moi que mes préoccupations soient écoutées et prises en compte".

Écoute Active: Bien que cela puisse être difficile, pratiquer l'écoute active avec un parent narcissique peut être bénéfique. Cela ne signifie pas nécessairement être d'accord avec tout ce qu'ils disent, mais plutôt montrer qu'on prête attention. Cela peut aider à désamorcer les situations tendues et permettre une meilleure compréhension de leurs points de vue, ce qui est essentiel pour trouver des solutions constructives. L'écoute active implique également d'éviter d'interrompre et de poser des questions de clarification lorsque cela est nécessaire.

Établir des Attentes Claires: Établir et communiquer des attentes claires dès le départ peut aider à prévenir les malentendus et les conflits. Ceci est particulièrement important pour les questions liées à l'éducation des enfants et aux horaires. Lors de la définition des attentes, il est utile d'être spécifique et réaliste, en tenant compte à la fois de ses propres besoins et de ceux des enfants.

Gestion des Conflits : Lorsqu'un conflit survient, il est important de l'aborder de manière constructive. Cela inclut rester calme, se concentrer sur les faits et rechercher des solutions plutôt que de blâmer ou critiquer. Dans les moments de tension élevée, il peut être utile de faire une pause dans la conversation et de la reprendre lorsque les deux parties sont plus calmes.

Renforcer les Limites de Manière Cohérente : La communication assertive va de pair avec le renforcement cohérent des limites. Si une limite est franchie, il est important de l'aborder de manière directe et calme, en réitérant l'attente et les conséquences possibles si elle n'est pas respectée.

Éviter les Jeux de Pouvoir : Avec un coparent narcissique, il peut être facile de tomber dans des jeux de pouvoir. Il est important d'éviter ces dynamiques, en se concentrant sur ce qui est le mieux pour les enfants et non sur le fait de "gagner" une discussion.

Utilisation de la Communication Écrite: Dans certains cas, la communication écrite peut être plus efficace, surtout si les conversations verbales ont tendance à dévier ou à escalader vers des conflits. Les courriels ou les messages texte permettent de documenter ce qui a été dit, ce qui peut être utile dans des situations où la clarté est nécessaire ou en cas de litiges.

Pratiquer l'auto-soin et les mécanismes de gestion du stress

Pratiquer l'auto-soin et développer des mécanismes de gestion pour faire face au stress sont des éléments cruciaux lors de la coparentalité avec une personne narcissique. Ce processus peut être extrêmement exigeant, tant sur le plan émotionnel que mental, et sans les bonnes stratégies, il peut conduire à l'épuisement. Il est donc essentiel d'adopter des pratiques d'auto-soin et de développer des techniques de gestion du stress pour préserver le bien-être et maintenir la résilience dans des situations difficiles.

L'auto-soin est un outil puissant dans la gestion du stress et la promotion de la santé mentale. Il implique de prendre des mesures conscientes pour prendre soin de son bien-être physique, émotionnel et psychologique. Cela peut inclure des activités telles que des exercices réguliers, une alimentation équilibrée, suffisamment de repos et du temps pour des hobbies ou des intérêts personnels. Ces activités aident non seulement à maintenir la santé physique, mais elles offrent également une précieuse distraction des tensions de la coparentalité.

De plus, il est important d'établir et de maintenir une routine d'auto-soin. Cela peut inclure des moments spécifiques consacrés à des activités relaxantes telles que la lecture, le yoga, la méditation ou toute autre activité qui procure détente et satisfaction. Ces activités aident à recharger les batteries émotionnelles et procurent une sensation de normalité et de contrôle au milieu du chaos qui peut parfois accompagner la coparentalité avec un narcissique.

Une autre partie importante de l'autosoins est de maintenir un réseau de soutien social. Parler à des amis, des membres de la famille ou des groupes de soutien peut fournir une soupape de sécurité essentielle pour les frustrations et les défis de la coparentalité. Ces conversations offrent non seulement l'occasion de se défouler, mais elles peuvent également fournir des perspectives et des conseils utiles.

En plus de l'autosoins, développer des mécanismes de gestion efficaces est crucial pour faire face au stress. Cela peut inclure des techniques de relaxation telles que la respiration profonde ou la méditation mindfulness. Ces pratiques peuvent aider à apaiser l'esprit et réduire les niveaux de stress, améliorant ainsi la capacité à gérer les situations difficiles avec plus de sérénité.

Il est également bénéfique d'apprendre et de pratiquer l'assertivité dans la communication, ce qui peut aider à gérer et réduire le stress dans les interactions avec le coparent narcissique. Être capable d'exprimer ses pensées et ses sentiments de manière claire et directe, sans être agressif, peut minimiser les malentendus et les tensions inutiles.

Finalement, dans certains cas, il peut être utile de rechercher l'aide d'un thérapeute ou d'un conseiller. Un professionnel peut proposer des stratégies adaptées pour gérer le stress et l'auto-soin, en plus de fournir un espace sécurisé pour explorer et traiter les sentiments et les défis qui découlent de la coparentalité avec un narcissique.

En conclusion, prendre soin de soi et développer des mécanismes de gestion sont des étapes essentielles pour gérer le stress et maintenir la santé mentale lors de la coparentalisation avec une personne narcissique. Ces pratiques bénéficient non seulement à l'individu, mais elles ont également un impact positif sur la capacité à fournir un environnement d'éducation stable et sain pour les enfants.

Chapitre 4: Stratégies de Coparentalité pour Naviguer les Comportements Narcissiques

Dans le quatrième chapitre de notre livre, nous nous concentrerons sur le développement et l'application de stratégies efficaces de coparentalité dans le contexte de faire face à un copère narcissique. Cette tâche n'est pas négligeable, car elle implique de faire face à des comportements exigeants, méprisants et aliénants qui sont caractéristiques des individus présentant des traits narcissiques. Ces situations nécessitent une approche prudente et stratégique pour minimiser les conflits et protéger le bien-être des enfants impliqués.

Tout d'abord, nous aborderons la façon de gérer les comportements exigeants et méprisants qui sont courants chez les copères narcissiques. Ces comportements peuvent aller de critiques constantes à des attentes irréalistes en matière d'éducation et de communication. Faire face à ces attitudes nécessite une combinaison de communication assertive, d'établissement de limites claires et, dans certains cas, l'intervention de tiers tels que des médiateurs ou des conseillers juridiques.

Une partie significative du chapitre sera consacrée aux techniques pour faire face à la manipulation et au gaslighting , des tactiques couramment utilisées par les narcissiques pour confondre et contrôler les autres. Ces comportements sont non seulement destructeurs pour la relation de coparentalité, mais ils peuvent également avoir un impact négatif sur la santé mentale de la personne qui les subit et, plus important encore, sur les enfants. Nous discuterons de la façon de reconnaître ces tactiques, de maintenir une perspective objective et de les contrer de manière efficace.

De plus, nous aborderons les luttes de pouvoir qui surviennent souvent dans la dynamique de coparentalité avec un narcissique. Cela peut se manifester par des désaccords sur les décisions relatives à l'éducation des enfants, les horaires de visite et la communication en général. Nous fournirons des stratégies pour naviguer dans ces situations de manière à minimiser les conflits et à maintenir l'accent sur le bien-être des enfants. Cela inclura des conseils sur la façon de rester ferme dans les décisions importantes, de négocier des compromis et d'éviter d'être entraîné dans des jeux de pouvoir destructeurs.

Créer des stratégies de communication efficaces

La création de stratégies de communication efficaces est essentielle lors de la coparentalité avec une personne présentant des comportements narcissiques. Ce défi, bien que complexe, est gérable avec l'approche et les outils appropriés. Dans cette section, nous explorerons comment établir des limites claires et fermes dans la communication avec un parent narcissique, en fournissant des conseils sur les techniques de communication assertive pour maintenir le contrôle et éviter d'être manipulé ou ignoré. De plus, nous détaillerons des stratégies pour rester calme et maître de soi lors des interactions et nous fournirons des exemples de scripts de communication efficaces et de réponses aux tactiques de manipulation courantes.

La communication avec un parent narcissique peut être parsemée de défis, car ces individus utilisent souvent la communication comme un outil de manipulation et de contrôle. Il est donc essentiel d'établir et de maintenir des limites claires dans la communication. Cela implique de définir comment, quand et sur quels sujets communiquer. Par exemple, il peut être bénéfique de limiter la communication aux sujets strictement liés à l'éducation des enfants et d'établir que toute communication en dehors de ce domaine ne sera pas prise en compte.

L'utilisation de techniques de communication assertive est cruciale pour gérer ces interactions. L'assertivité implique d'exprimer ses besoins et opinions de manière claire et directe, sans être agressif..
Dans le contexte de la coparentalité , cela signifie être capable d'exprimer des désaccords ou de fixer des limites sans tomber dans la confrontation. Par exemple, si le coparent narcissique essaie de changer unilatéralement les horaires convenus pour la visite des enfants, une réponse assertive pourrait être : "Je comprends que tu veuilles changer l'horaire, mais il est important de suivre l'accord que nous avons conclu pour le bien-être des enfants. Nous allons maintenir l'horaire tel qu'il est."

Rester calme et maître de soi est une autre compétence essentielle dans ces situations. Les coparents narcissiques peuvent souvent utiliser des tactiques visant à susciter une réponse émotionnelle. Rester calme et centré aide à éviter d'être entraîné dans des arguments sans fin ou des provocations. Des techniques telles que la respiration profonde, la pause avant de répondre et se rappeler que l'objectif est le bien-être des enfants peuvent être utiles pour maintenir son calme.

De plus, il est utile d'avoir des scripts de communication et des réponses préparées pour les tactiques de manipulation courantes. Par exemple, si le parent narcissique utilise la culpabilité pour influencer les décisions d'éducation, une réponse efficace pourrait être : "Je comprends que tu voies les choses différemment, mais j'ai pris cette décision en pensant à ce qui est le mieux pour nos enfants". Être préparé avec des réponses comme celle-ci peut aider à éviter d'être entraîné dans un cycle de culpabilité et de manipulation.

Un aspect important à prendre en compte est la possibilité d'utiliser la communication écrite, comme les messages texte ou les e-mails, pour certaines interactions. Cela permet non seulement d'avoir un enregistrement de la communication, mais aussi de prendre le temps de formuler des réponses réfléchies et d'éviter les réponses impulsives.

Enfin, dans les situations où la communication devient particulièrement difficile ou hostile, il peut être nécessaire de faire appel à un médiateur ou à un professionnel. Cela peut fournir un espace neutre pour discuter de sujets difficiles et aider à éviter que la situation ne dégénère en un conflit majeur.

En résumé, créer et maintenir des stratégies de communication efficaces est essentiel pour gérer la relation avec un parent narcissique. Établir des limites claires, utiliser la communication assertive, rester calme et être prêt à faire face à des tactiques manipulatrices sont des éléments clés pour minimiser les conflits et garantir que la coparentalité soit gérée de manière à prioriser le bien-être des enfants. Ces compétences ne sont pas seulement utiles dans le contexte de la coparentalité, mais elles peuvent également être précieuses dans d'autres domaines de la vie personnelle et professionnelle.

Manipulation et manipulation mentale

Faire face à la manipulation et à la manipulation mentale est un aspect difficile et souvent déconcertant de la coparentalité avec une personne narcissique. Les parents narcissiques ont tendance à utiliser diverses tactiques manipulatrices, y compris la manipulation mentale , la culpabilisation et se présenter en tant que victimes, pour contrôler et déstabiliser leurs parents . Ces tactiques sont non seulement destructrices pour la relation de coparentalité , mais elles peuvent également avoir un impact profond sur le bien-être émotionnel et psychologique du parent qui les subit.

Le gaslighting, une forme de manipulation psychologique où l'on tente de semer le doute dans la perception ou la mémoire de la victime, est une tactique couramment utilisée. Les coparents narcissiques peuvent déformer la vérité, nier des événements qui se sont clairement produits ou minimiser les sentiments de l'autre coparent, le tout dans le but de contrôler la situation et de maintenir le pouvoir dans la relation. Reconnaître le gaslighting est la première étape pour le contrer. Cela implique de faire confiance à sa propre mémoire et perception des événements et de résister à la tentation de remettre en question la réalité en se basant sur les affirmations du coparent narcissique.

Une autre tactique manipulatrice fréquente est de faire sentir coupable. Le coparent narcissique peut essayer d'induire des sentiments de culpabilité pour obtenir ce qu'il souhaite, que ce soit une plus grande flexibilité dans l'horaire des visites ou le contrôle des décisions d'éducation. Il est important de reconnaître quand la culpabilité est utilisée comme un outil de manipulation et de ne pas tomber dans le piège de se sentir responsable des émotions ou du bien-être du coparent narcissique.

Jouer la victime est une autre stratégie courante. Dans ce scénario, le co-parent narcissique se présente comme la victime des circonstances ou des actions de l'autre, souvent en exagérant ou en inventant des histoires pour gagner de la sympathie ou justifier des comportements inacceptables. Il est crucial de maintenir une perspective objective et de ne pas se laisser entraîner dans un cycle de sauvetage ou de compensation.

Face à ces tactiques, il est essentiel de maintenir sa propre perception de la réalité et son estime de soi. Cela peut inclure l'utilisation d'affirmations personnelles, se rappeler et célébrer ses propres réalisations et qualités, et chercher le soutien d'amis, de membres de la famille ou de professionnels. Tenir un journal ou un registre des événements, des conversations et des décisions peut être un outil utile pour maintenir une perspective objective et se souvenir des faits avec précision.

La documentation et la collecte de preuves sont également importantes, surtout pour se protéger soi-même et l'enfant contre de fausses accusations. Garder des enregistrements de communications, comme des e-mails et des messages texte, prendre des notes après des interactions importantes et tenir un registre des accords et des décisions liés à l'éducation des enfants peut être inestimable. Dans les situations où de fausses accusations pourraient avoir des implications légales, cette documentation peut être un outil crucial pour se défendre.

En résumé, faire face à la manipulation et au gaslighting dans la coparentalité avec un narcissique nécessite une combinaison d'auto-conscience, de confiance en sa propre perception et de compétences pratiques en matière de documentation. En reconnaissant et en contrant ces tactiques manipulatrices, il est possible de préserver son intégrité et son bien-être émotionnel tout en protégeant et en priorisant le bien-être des enfants. La clé est de se rappeler que, même si le coparent narcissique peut tenter de déformer la réalité, on a le pouvoir et les outils pour rester ferme dans sa propre vérité et assurer un environnement sain et stable pour les enfants.

Surmonter les luttes de pouvoir et minimiser les conflits

Naviguer à travers les luttes de pouvoir et minimiser les conflits avec un coparent narcissique est une tâche délicate qui nécessite de la patience, de l'astuce et une détermination ferme. Cette section se concentre sur des stratégies qui peuvent aider à réduire les conflits et les luttes de pouvoir, en offrant des méthodes pour se désengager des arguments inutiles et éviter de participer à des jeux de pouvoir. De

28

plus, nous discuterons des techniques pour établir et faire respecter des limites, ainsi que de l'importance de rechercher une aide professionnelle, telle que la médiation ou la thérapie, pour naviguer dans ces dynamiques complexes de coparentalité.

Une des clés pour minimiser les conflits dans la coparentalité avec un narcissique est d'apprendre à se désengager des arguments non productifs. Les narcissiques cherchent souvent à provoquer des réactions et à créer des conflits pour se sentir en contrôle ou validés. Reconnaître quand une discussion devient un cycle improductif et décider consciemment de se retirer peut être un outil puissant. Cela ne signifie pas ignorer les problèmes importants, mais choisir de les aborder de manière constructive et à un moment plus approprié.

Éviter de participer aux jeux de pouvoir est également crucial. Cela implique de ne pas répondre aux provocations et de ne pas essayer de "gagner" chaque discussion. Au lieu de cela, il s'agit de se concentrer sur ce qui est mieux pour les enfants et non sur qui a raison. Maintenir une attitude de neutralité et d'objectivité peut aider à éviter d'être entraîné dans des luttes de pouvoir émotionnelles.

Établir et faire respecter des limites est essentiel pour protéger à la fois son propre bien-être et celui des enfants. Ces limites peuvent concerner les horaires de communication, les formes d'interaction acceptables et les décisions relatives à l'éducation des enfants. Une fois établies, il est important d'être cohérent dans leur application. Cela peut inclure rappeler poliment au coparent narcissique les limites lorsqu'ils essaient de les franchir et être ferme dans les conséquences s'ils continuent à le faire.

Cependant, même avec les meilleurs efforts, il peut y avoir des situations où une aide professionnelle est nécessaire pour gérer la coparentalité avec un narcissique. La médiation, par exemple, peut offrir un espace neutre pour discuter et résoudre les problèmes de coparentalité . Un médiateur peut aider à maintenir la conversation centrée sur les enfants et éviter qu'elle ne devienne un combat de pouvoir personnel. De plus, la thérapie peut être utile à la fois pour le coparent et pour les enfants, en fournissant un espace pour traiter les émotions et développer des stratégies d'adaptation.

Dans certains cas, il peut également être nécessaire de faire appel à des conseillers juridiques, en particulier s'il y a des préoccupations concernant le bien-être des enfants ou si le coparent narcissique ne respecte pas les accords légaux de coparentalité . Les avocats spécialisés en droit de la famille peuvent offrir des conseils et une représentation pour garantir le respect des droits et du bien-être des enfants et du coparent.

En résumé, naviguer à travers les luttes de pouvoir avec un coparent narcissique nécessite une combinaison de détachement émotionnel, d'établissement de limites claires et, parfois, d'intervention professionnelle. Apprendre à choisir ses batailles, rester ferme sur les limites et demander de l'aide lorsque nécessaire sont des stratégies clés pour minimiser les conflits et maintenir un environnement d'éducation sain et stable pour les enfants. Se rappeler que le bien-être des enfants est l'objectif final peut aider à maintenir la perspective et le calme dans les interactions avec un coparent narcissique.

Chapitre 5: Protéger les Enfants de l'Aliénation Parentale

L'aliénation parentale peut se manifester de manière subtile ou évidente. Elle peut se manifester par des commentaires négatifs sur l'autre coparent, l'exagération des défauts ou des erreurs, voire la création de récits falsifiés pour discréditer l'autre. Ces actes peuvent amener les enfants à développer des peurs infondées, des ressentiments et, dans les cas extrêmes, une rupture totale dans la relation avec le coparent aliéné.

Il est crucial de comprendre les effets néfastes que l'aliénation parentale peut avoir sur les enfants. Cela peut affecter leur estime de soi, leur capacité à faire confiance aux autres et leur bien-être émotionnel à long terme. Les enfants peuvent se sentir divisés entre leurs deux parents, souffrir d'anxiété, de culpabilité et de confusion quant à leurs loyautés et émotions. Il est donc essentiel pour le parent non aliénant de prendre des mesures actives pour protéger la santé mentale et émotionnelle des enfants.

Une stratégie clé consiste à promouvoir une relation saine et ouverte avec les enfants. Cela implique de favoriser un environnement où ils se sentent en sécurité pour exprimer leurs pensées et leurs sentiments, indépendamment des tensions de la coparentalité. La communication ouverte et honnête est essentielle. Il est important de valider les émotions des enfants, de leur offrir une perspective équilibrée et de leur enseigner, de manière appropriée à leur âge, la complexité des relations et des conflits.

Reconnaître les signes de l'aliénation parentale est un autre aspect crucial. Ceux-ci peuvent inclure des changements de comportement des enfants envers le parent aliéné, tels que l'hostilité ou le rejet soudain, la répétition de critiques ou d'accusations infondées, ou une alignement inconditionnel avec le parent aliénant. En identifiant ces signes, il est essentiel d'agir rapidement et avec considération.

Demander l'aide d'un professionnel est souvent une étape nécessaire. Un thérapeute ou un conseiller spécialisé dans les dynamiques familiales et l'aliénation parentale peut fournir un soutien et une orientation aux enfants ainsi qu'au   parent. Ils peuvent aider les enfants à comprendre et à traiter leurs émotions et à travailler à reconstruire et à renforcer la relation avec le   parent aliéné.

Dans des situations extrêmes, il peut être nécessaire de faire appel à des médiateurs ou même à une assistance juridique pour faire face à l'aliénation parentale. Les professionnels de ces domaines peuvent aider à garantir que les droits des enfants et des deux parents sont respectés et que des mesures sont prises pour protéger le bien-être des enfants.

Reconnaître les signes de l'aliénation parentale

Reconnaître les signes de l'aliénation parentale est crucial pour intervenir et prévenir les dommages à long terme chez les enfants impliqués dans une dynamique de coparentalité avec un narcissique. L'aliénation parentale se manifeste de différentes manières et il est essentiel d'être attentif aux signes pour pouvoir agir à temps. Cette section explorera les signes courants et les comportements indiquant l'aliénation parentale, ainsi que les stratégies pour les identifier et les documenter, en soulignant l'importance d'une intervention précoce.

Les signes d'aliénation parentale peuvent varier, mais il existe certaines attitudes et comportements qui sont généralement révélateurs. L'un des plus évidents est lorsque le coparent aliénant fait des commentaires désobligeants sur l'autre coparent en présence des enfants. Ces commentaires peuvent être directs ou subtils, mais ils ont tous pour objectif de dégrader l'image de l'autre coparent aux yeux de l'enfant. Cette tactique peut inclure des critiques ouvertes, des insinuations ou des sarcasmes laissant entrevoir une image négative de l'autre coparent.

Un autre signe courant est la restriction ou l'interférence dans le contact entre l'enfant et le parent cible. Cela peut se manifester par des annulations répétées de visites, des obstacles à la communication téléphonique ou numérique, ou des excuses pour empêcher l'enfant de passer du temps avec l'autre parent . Dans les cas extrêmes, le parent aliénant peut même mentir ou exagérer des situations pour justifier la limitation ou la cessation du contact.

De plus, un indicateur alarmant d'aliénation parentale est lorsque le parent aliénant implique l'enfant comme une arme contre l'autre parent . Cela peut impliquer de pousser l'enfant à choisir un camp, l'utiliser comme messager de communications négatives ou inciter l'enfant à espionner ou informer sur l'autre parent . Ces actions sont non seulement préjudiciables à la relation de l'enfant avec le parent cible, mais elles mettent également une charge émotionnelle indue sur l'enfant.

Identifier et documenter ces signes est essentiel pour pouvoir aborder la situation de manière efficace. La documentation peut inclure la tenue d'un journal détaillé des incidents, la conservation des communications écrites montrant des schémas de comportement aliénant et la collecte de témoignages de tiers, tels que des enseignants ou des membres de la famille, qui auraient pu être témoins d'actes d'aliénation. Cette documentation sera cruciale si une intervention légale ou professionnelle est nécessaire.

Une intervention précoce est vitale pour prévenir davantage de dommages à l'enfant. Cela peut inclure parler à l'enfant de manière appropriée à son âge de l'importance d'avoir des relations saines avec les deux parents, chercher des conseils familiaux ou une thérapie pour l'enfant, et dans les cas graves, envisager la médiation ou des conseils juridiques pour protéger les droits de l'enfant et du parent ciblé.

Promouvoir des relations saines entre parents et enfants

Promouvoir une relation saine et aimante entre l'enfant et les deux parents est essentiel, surtout dans les situations où l'un des coparents présente des comportements narcissiques. Malgré les défis que cela peut représenter, il est essentiel pour le développement émotionnel et psychologique de l'enfant de maintenir des relations parentales positives. Dans cette section, nous discuterons des stratégies pour maintenir une communication ouverte et significative avec l'enfant, favoriser la confiance et le respect, et créer un environnement de coparentalité positif. De plus, nous soulignerons l'importance de promouvoir le bien-être émotionnel de l'enfant et de fournir de la stabilité.

Maintenir une communication ouverte et significative avec l'enfant est un pilier crucial dans la construction d'une relation saine. Cela implique d'écouter activement l'enfant, de montrer un intérêt sincère pour ses pensées, ses sentiments et ses activités quotidiennes, et de s'assurer qu'il se sent écouté et valorisé. Il est important de parler avec honnêteté, en fournissant des informations appropriées à son âge, et de s'assurer que l'enfant sait qu'il peut parler de tout sans craindre d'être jugé ou puni.

Favoriser la confiance et le respect est un autre aspect fondamental. Cela se fait par des actions cohérentes et fiables, montrant à l'enfant qu'il peut compter sur ses parents pour tenir leurs promesses et être là pour lui. Le respect mutuel est également essentiel ; cela inclut le respect de l'individualité de l'enfant, de ses opinions et de ses sentiments, ainsi que l'enseignement du respect envers les autres.

Créer un environnement de coparentalité positif est essentiel, même en présence de défis avec un coparent narcissique. Cela signifie s'efforcer de maintenir une attitude positive et constructive envers la coparentalité , éviter de parler négativement de l'autre coparent devant l'enfant et chercher des moyens de collaborer sur des aspects clés de l'éducation, dans la mesure du possible.

La promotion du bien-être émotionnel de l'enfant est peut-être la chose la plus importante. Cela peut être réalisé en offrant un amour inconditionnel, un soutien et un espace sûr où l'enfant peut s'exprimer librement. Il est crucial d'être attentif à tout signe de stress, d'anxiété ou de tristesse chez l'enfant et de le traiter de manière appropriée, ce qui peut inclure la recherche d'une aide professionnelle si nécessaire.

Fournir une stabilité à l'enfant est également vital. Les enfants s'épanouissent dans des environnements stables et prévisibles. Cela comprend des routines cohérentes, des règles claires et des attentes, ainsi que la certitude que, malgré les difficultés dans la relation de coparentalité, les deux parents sont engagés dans son bien-être et sa prise en charge.

Intervenir et rechercher une aide professionnelle lorsque cela est nécessaire

L'intervention précoce et la recherche d'une aide professionnelle sont des étapes cruciales lorsqu'une aliénation parentale est identifiée. Cette situation complexe et délicate nécessite souvent la perspective et les compétences de professionnels pour la gérer de manière efficace et protéger les meilleurs intérêts de l'enfant. Dans cette section, nous mettrons en évidence l'importance d'intervenir à temps et de rechercher une aide professionnelle lorsque cela est nécessaire, en fournissant des stratégies pour impliquer et engager des professionnels tels que des thérapeutes, des conseillers ou des médiateurs. De plus, nous fournirons des conseils sur la façon de naviguer dans le système juridique, si nécessaire, pour protéger les meilleurs intérêts de l'enfant.

Reconnaître le besoin d'intervention professionnelle est une première étape critique. Souvent, l'aliénation parentale peut être difficile à gérer seul, et l'aide de professionnels spécialisés peut être inestimable. Lorsque des signes d'aliénation parentale sont identifiés, il est conseillé de rechercher les conseils de thérapeutes ou de conseillers ayant de l'expérience dans les affaires familiales et les dynamiques de coparentalité. Ces professionnels peuvent fournir non seulement un soutien émotionnel et des stratégies d'adaptation, mais aussi des interventions spécifiques conçues pour aborder la situation et favoriser la réparation de la relation entre le père et l'enfant.

Trouver et engager ces professionnels nécessite une recherche et une évaluation minutieuses. Rechercher des références, vérifier les qualifications et les spécialisations, et mener une entrevue initiale sont des étapes importantes pour s'assurer que le professionnel est adapté à la situation spécifique. Il est crucial de choisir des professionnels qui non seulement ont l'expérience et les compétences nécessaires, mais qui montrent également une compréhension et une sensibilité aux complexités de la coparentalité avec un narcissiste.

Dans certains cas, la médiation peut être un outil utile. Les médiateurs peuvent aider à faciliter la communication entre les parents et travailler vers des solutions qui sont dans le meilleur intérêt des enfants. Il est important que le médiateur soit impartial et ait de l'expérience dans les cas de coparentalité et d'aliénation parentale.

Si la situation devient particulièrement grave ou si le bien-être de l'enfant est en danger, il peut être nécessaire de faire appel au système judiciaire. Naviguer dans le système judiciaire peut être intimidant, il est donc conseillé de consulter un avocat spécialisé en droit de la famille. Un avocat ayant de l'expérience dans les cas d'aliénation parentale peut offrir des conseils sur les meilleures actions à entreprendre, représenter devant le tribunal si nécessaire et aider à garantir que des décisions soient prises pour protéger les intérêts de l'enfant.

La documentation précédemment recueillie peut être cruciale dans ce processus. Présenter des preuves de l'aliénation parentale et de son impact sur l'enfant peut être essentiel pour le cas. Cela peut inclure des enregistrements de communications, des déclarations de témoins et des documents relatifs à toute intervention professionnelle antérieure.

En résumé, une intervention rapide et la recherche d'une aide professionnelle sont des étapes fondamentales pour protéger les enfants contre les effets de l'aliénation parentale. Que ce soit par le biais d'une thérapie, d'une médiation ou d'une intervention juridique, il est essentiel de prendre des mesures proactives pour aborder la situation de manière efficace. Agir avec prudence et décision peut faire une différence significative dans le bien-être et la vie de l'enfant affecté par la dynamique de coparentalité avec un narcissique.

Chapitre 6 : Favoriser la Résilience chez les Enfants

Développer l'intelligence émotionnelle chez les enfants est essentiel pour les aider à naviguer dans les interactions et les défis émotionnels qui peuvent découler de la coparentalité avec un narcissique. L'intelligence émotionnelle implique la capacité de reconnaître, comprendre et gérer ses propres émotions, ainsi que celles des autres. Pour favoriser cette compétence chez les enfants, il est crucial de leur apprendre à identifier et à exprimer leurs sentiments de manière appropriée, de leur fournir un vocabulaire émotionnel riche et de modéliser des comportements émotionnels sains.

Favoriser l'estime de soi est un autre aspect clé pour développer la résilience chez les enfants. L'estime de soi se nourrit par la reconnaissance et la célébration de leurs réalisations, la promotion de leurs intérêts et compétences, et la réaffirmation constante de leur valeur indépendamment des circonstances extérieures. Il est important que les enfants sachent qu'ils sont aimés et appréciés pour ce qu'ils sont, pas pour ce qu'ils font ou comment ils répondent aux attentes des autres, y compris un coparent narcissique.

Enseigner des mécanismes de gestion sains est essentiel pour aider les enfants à gérer le stress et les émotions difficiles. Cela peut inclure des techniques de relaxation telles que la respiration profonde et la méditation, des activités créatives telles que l'art et l'écriture, et des stratégies de résolution de problèmes. En équipant les enfants de ces outils, nous les aidons à développer la capacité à faire face aux défis et à se remettre des adversités.

Créer un environnement de soutien pour les enfants est essentiel. Cela signifie fournir un espace sûr où les enfants peuvent se sentir écoutés et compris, encourager des relations familiales et amicales saines, et, lorsque nécessaire, rechercher le soutien de professionnels tels que des conseillers ou des thérapeutes. Dans un environnement de soutien, les enfants peuvent développer la confiance et la sécurité nécessaires pour prospérer malgré les difficultés de la coparentalité avec un narcissique.

En résumé, ce chapitre se concentrera sur l'autonomisation des parents pour aider leurs enfants à développer la résilience dans le contexte de la coparentalité avec un narcissique. En favorisant l'intelligence émotionnelle et l'estime de soi, en enseignant des mécanismes de gestion sains et en créant un environnement de soutien, les parents peuvent jouer un rôle crucial pour s'assurer que leurs enfants non seulement survivent, mais prospèrent également dans ces circonstances difficiles. L'objectif est de fournir aux enfants les outils et le soutien dont ils ont besoin pour faire face aux défis, grandir émotionnellement forts et maintenir une image saine d'eux-mêmes.

Encourager l'intelligence émotionnelle et l'estime de soi chez les enfants

Promouvoir l'intelligence émotionnelle et l'estime de soi chez les enfants est une tâche essentielle, surtout lorsqu'ils sont confrontés à la coparentalité avec un narcissique. L'intelligence émotionnelle joue non seulement un rôle crucial dans le bien-être des enfants, mais elle leur donne également des compétences fondamentales pour naviguer dans des relations complexes et des situations difficiles. Dans ce contexte, le chapitre explorera l'importance de l'intelligence émotionnelle et son impact sur le bien-être des enfants, fournira des stratégies pour aider les parents à aider les enfants à identifier et à exprimer leurs émotions de manière efficace, discutera des moyens de cultiver l'estime de soi chez les enfants malgré les défis de la coparentalité avec un narcissique et offrira des perspectives sur la façon de favoriser la résilience et une image positive de soi chez les enfants.

L'intelligence émotionnelle, qui comprend la capacité de reconnaître, comprendre et gérer ses propres émotions ainsi que celles des autres, est un pilier pour le développement sain des enfants. Lorsqu'un enfant peut identifier ce qu'il ressent et pourquoi, il est mieux équipé pour gérer ses émotions de manière constructive. Les parents peuvent encourager cette compétence en encourageant les enfants à parler de leurs émotions, en montrant de l'empathie et en validant leurs sentiments, et en modélisant eux-mêmes une gestion émotionnelle saine.

Aider les enfants à exprimer leurs émotions de manière efficace est particulièrement important dans un environnement où l'un des parents peut être narcissique. Les enfants peuvent se sentir confus ou submergés par les comportements du parent narcissique, ce qui rend encore plus vital qu'ils aient un espace sûr pour explorer et exprimer leurs sentiments. Cela peut être réalisé grâce à des conversations régulières, des activités créatives telles que le dessin ou l'écriture, et des pratiques telles que la méditation ou la pleine conscience, qui les aident à se connecter avec leurs émotions internes.

Cultiver l'estime de soi chez les enfants est un autre aspect crucial. Les enfants ont besoin de se sentir valorisés et acceptés pour développer une estime de soi saine. Les parents peuvent encourager cela en célébrant les réalisations de leurs enfants, en encourageant leurs efforts et leurs compétences, et en leur offrant un amour inconditionnel et un soutien constant. Il est important que les enfants comprennent que leur valeur ne dépend pas du jugement ou de l'approbation du parent narcissique.

Enfin, encourager la résilience et une image positive de soi chez les enfants est essentiel pour leur développement à long terme. Cela inclut leur apprendre à faire face aux défis, à se remettre des difficultés et à voir les erreurs comme des opportunités d'apprentissage. Les parents peuvent aider leurs enfants à développer la résilience en maintenant des attentes élevées et en ayant confiance en leurs capacités, en leur offrant des opportunités de résoudre des problèmes de manière indépendante et en leur apprenant à voir les défis comme faisant partie de la croissance personnelle.

En résumé, en promouvant l'intelligence émotionnelle et l'estime de soi chez les enfants, les parents peuvent les doter d'outils essentiels pour gérer les complexités de la coparentalité avec un narcissique. Ces compétences sont non seulement précieuses dans le contexte actuel, mais elles serviront également de base solide pour leur bien-être émotionnel et leurs relations saines à l'avenir.

Enseigner aux enfants des mécanismes de gestion sains

Enseigner aux enfants des mécanismes de gestion sains est essentiel, en particulier dans les contextes de coparentalité avec un narcissique, où les enfants peuvent être confrontés à des défis émotionnels uniques. Ces mécanismes leur fournissent des outils pour naviguer dans les difficultés, promouvoir leur résilience et soutenir leur bien-être émotionnel. Dans cette section, nous présenterons différents mécanismes de gestion qui peuvent autonomiser les enfants dans ces situations, discuterons des stratégies de gestion appropriées pour différents âges et de leurs avantages, explorerons l'importance des pratiques d'autosoins pour les enfants et apprendrons aux parents comment les encourager et les modéliser. De plus, nous fournirons des conseils sur la création d'un espace sûr pour que les enfants puissent exprimer leurs émotions et chercher du soutien quand ils en ont besoin.

Les mécanismes d'adaptation sains varient largement et peuvent inclure des activités créatives, telles que l'art et l'écriture, qui permettent aux enfants d'exprimer leurs sentiments de manière sûre et constructive. Ces activités offrent non seulement une sortie pour leurs émotions, mais favorisent également la créativité et l'expression de soi. Pour les plus jeunes enfants, le jeu peut être une façon efficace de traiter les émotions et les expériences. Grâce au jeu, les enfants peuvent explorer des situations et des sentiments dans un environnement contrôlé et compréhensible.

Il est important de prendre en compte l'âge des enfants lors de l'introduction de stratégies d'adaptation. Par exemple, tandis que les plus jeunes enfants peuvent bénéficier d'activités ludiques et de contes pour explorer et comprendre leurs émotions, les adolescents peuvent trouver plus utile de parler ouvertement, de participer à des activités sportives ou de pleine conscience, telles que la méditation ou le yoga. Indépendamment de l'âge, toutes ces activités peuvent aider les enfants à se sentir plus en contrôle de leurs émotions et à développer une plus grande résilience.

L'auto-soin est un autre aspect fondamental pour les enfants. Leur apprendre à prendre soin de leur bien-être physique et émotionnel est une compétence vitale. Cela peut inclure des pratiques telles que s'assurer qu'ils ont suffisamment de repos, encourager une alimentation équilibrée, établir des routines qui offrent stabilité et sécurité, et les encourager à participer à des activités qu'ils apprécient et qui les détendent.

De plus, il est essentiel que les parents modélisent ces comportements d'auto-soin et des mécanismes de gestion sains. Les enfants apprennent beaucoup en observant leurs parents, donc pratiquer l'auto-soin et gérer ses propres émotions de manière saine peut leur enseigner comment le faire, par exemple.

Créer un espace sûr où les enfants peuvent exprimer leurs émotions et chercher du soutien est crucial. Cela signifie fournir un environnement où ils se sentent libres de parler de leurs sentiments et de leurs expériences sans craindre d'être jugés ou réprimandés. Les parents peuvent encourager cela en écoutant activement, en validant leurs émotions et en offrant soutien et compréhension.

En résumé, enseigner aux enfants des mécanismes de gestion sains et des pratiques d'autosoins leur donne les outils nécessaires pour faire face aux complexités de la coparentalité avec un narcissique. En leur offrant des stratégies adaptées à leur âge, en modélisant des comportements sains et en créant un environnement de soutien et de sécurité, les parents peuvent aider leurs enfants à développer la résilience et les compétences nécessaires pour prospérer dans des circonstances difficiles.

Promouvoir un environnement propice au bien-être des enfants

Promouvoir un environnement de soutien pour le bien-être des enfants est essentiel, surtout dans le contexte de la coparentalité avec un narcissique. Cette situation peut présenter des défis uniques qui affectent non seulement les coparents , mais aussi les enfants. Dans cette partie du livre, nous discuterons de l'importance de créer un environnement chaleureux et stable pour les enfants, nous proposerons des stratégies pour établir des canaux de communication clairs entre les coparents afin de répondre aux besoins des enfants, nous explorerons des moyens de minimiser les conflits et de prioriser le bien-être des enfants dans la dynamique de la coparentalité, et nous fournirons des conseils sur la façon d'impliquer des systèmes de soutien externes, tels que des thérapeutes ou des mentors, pour renforcer davantage la résilience des enfants.

Créer un environnement chaleureux et stable implique de s'assurer que les enfants disposent d'un espace sûr et prévisible où ils peuvent se développer. Dans un foyer où l'un des parents est narcissique, cet objectif peut être un défi, mais il est crucial pour le bien-être émotionnel et psychologique des enfants. Un environnement aimant, où les enfants se sentent écoutés et valorisés, peut aider à atténuer l'impact de toute tension ou conflit de coparentalité.

Établir des canaux de communication clairs et efficaces entre les coparents est essentiel pour s'assurer que les besoins des enfants sont satisfaits de manière cohérente. Cela implique de discuter et de convenir des aspects clés de l'éducation, tels que les horaires, l'éducation et les activités parascolaires, et de s'assurer que les deux parents sont informés et engagés dans le plan convenu. La communication doit être directe, axée sur les enfants et exempte de conflits personnels.

Minimiser les conflits dans la coparentalité est important pour le bien-être des enfants. Les enfants sont particulièrement sensibles aux tensions entre les parents, il est donc essentiel de travailler à résoudre ou du moins à gérer les désaccords de manière à ce qu'ils affectent le moins possible les enfants. Cela peut impliquer de choisir soigneusement ses batailles, de s'engager dans des domaines non essentiels et de recourir à la médiation ou au conseil lorsque cela est nécessaire.

De plus, impliquer des systèmes de soutien externes peut être un outil inestimable pour améliorer la résilience des enfants. Les thérapeutes, les conseillers ou les mentors peuvent offrir aux enfants un espace supplémentaire pour exprimer leurs sentiments et apprendre des stratégies pour faire face aux situations difficiles. Ces professionnels peuvent également offrir des conseils et un soutien aux parents sur la meilleure façon de gérer les dynamiques familiales complexes.

En résumé, favoriser un environnement de soutien pour les enfants dans le contexte de la coparentalité avec un narcissique implique de créer un foyer stable et aimant, d'établir une communication claire et efficace entre les coparents, de minimiser les conflits et de rechercher un soutien externe lorsque cela est nécessaire. Ce faisant, les parents peuvent aider à s'assurer que les enfants s'adaptent non seulement, mais prospèrent également, en développant la résilience et les compétences nécessaires pour faire face aux défis qui peuvent survenir.

Chapitre 7: Désamorcer les situations tendues dans la Coparentalité

Un outil clé dans la gestion des conflits est la communication efficace, qui implique non seulement de parler, mais aussi d'écouter de manière active. L'écoute active consiste à prêter toute son attention à l'autre coparent , à comprendre ses messages sans les juger et à y répondre de manière appropriée. Cette technique permet aux deux coparents de se sentir écoutés et compris, ce qui peut réduire considérablement la tension et faciliter la recherche de solutions.

Un autre aspect important est la validation des sentiments et des expériences de l'autre parent, même lorsque l'on n'est pas d'accord avec eux. La validation ne signifie pas accepter ou approuver le comportement de l'autre, mais reconnaître et comprendre ses émotions. Cette attitude peut désarmer la défensivité et ouvrir la voie à un dialogue plus constructif.

La gestion de la colère et de la défensivité est cruciale dans la coparentalité avec un narcissique. Il est facile de se sentir provoqué et de réagir de manière défensive, ce qui ne fait qu'aggraver le conflit. Apprendre à reconnaître et à contrôler ses propres émotions, prendre des pauses lorsque nécessaire et aborder les conversations avec un état d'esprit calme et centré peut faire une grande différence dans le résultat des interactions.

Trouver des compromis et des points communs est souvent nécessaire pour résoudre les désaccords. Cela implique d'aborder les problèmes avec une attitude d'ouverture et de flexibilité, en recherchant des solutions qui tiennent compte des intérêts des deux parents et, surtout, de ceux des enfants. Dans les situations où il semble impossible de trouver un terrain d'entente, il peut être utile de faire appel à un médiateur ou à un thérapeute spécialisé en coparentalité pour faciliter le dialogue et trouver des solutions viables.

Utiliser des techniques efficaces d'écoute et de validation

L'utilisation de techniques efficaces d'écoute et de validation est cruciale dans la coparentalité , surtout lorsqu'il s'agit d'interactions avec un coparent narcissique. Ces compétences sont essentielles pour désamorcer les situations tendues et favoriser un dialogue constructif. Dans ce chapitre, nous aborderons comment l'écoute active et la validation peuvent être des outils puissants pour améliorer la communication et réduire les conflits.

L'écoute active va au-delà de simplement entendre ce que l'autre personne dit ; elle implique une participation complète au processus de communication. Cela signifie prêter attention non seulement aux mots, mais aussi au langage corporel et aux émotions sous-jacentes. Maintenir le contact visuel, acquiescer pour montrer que l'on suit la conversation et poser des questions de clarification sont des aspects clés de l'écoute active. Ces gestes démontrent de l'intérêt et de la compréhension, ce qui peut aider à apaiser les tensions et faire sentir à l'autre coparent qu'il est écouté et valorisé.

La validation, d'autre part, est la reconnaissance et l'acceptation des pensées, des sentiments et des expériences de l'autre parent . Valider ne signifie pas nécessairement être d'accord, mais montrer de l'empathie et de la compréhension pour ce que l'autre personne vit. Dans le contexte de la parentalité , la validation peut être particulièrement puissante. Par exemple, si un parent exprime de la frustration ou de l'inquiétude, répondre par des phrases telles que "Je comprends pourquoi tu te sens ainsi" ou "Tes sentiments sont valides" peut aider à réduire la défensivité et ouvrir la voie à une communication plus efficace.

Dans les situations de parentalité , en particulier avec un narcissique, où les défis émotionnels peuvent être plus intenses, la combinaison d'écoute active et de validation peut être particulièrement efficace. Cela permet aux deux parents de sentir que leurs préoccupations et leurs sentiments sont compris et respectés, ce qui peut réduire l'hostilité et faciliter une résolution des conflits plus collaborative.

Gérer la colère et l'attitude défensive

La coparentalité avec un narcissique peut souvent déclencher des sentiments de colère et de défensivité . Ces émotions, si elles ne sont pas gérées correctement, peuvent compliquer davantage les interactions et conduire à une escalade des conflits. Dans ce chapitre, nous fournirons des stratégies pour gérer ces émotions et maintenir le calme lors des interactions avec le coparent narcissique. Nous discuterons de techniques telles que la respiration profonde, la reformulation des pensées et l'établissement de limites, qui sont toutes essentielles pour prévenir l'escalade des conflits.

La colère et la défensivité sont des réponses humaines naturelles, surtout dans des situations où l'on se sent attaqué, incompris ou injustement traité. Cependant, dans le contexte de la coparentalité, il est essentiel d'aborder ces sentiments de manière constructive afin de maintenir un environnement stable et sécurisé pour les enfants.

Une technique efficace pour gérer la colère est la respiration profonde. Lorsque nous sommes en colère, notre respiration a tendance à être superficielle et rapide. Prendre un moment pour respirer profondément peut aider à calmer le système nerveux et fournir l'espace nécessaire pour répondre de manière plus réfléchie plutôt que de réagir impulsivement. Pratiquer régulièrement la respiration profonde peut améliorer notre capacité générale à gérer le stress et la colère.

Une autre stratégie utile est la reformulation des pensées. Cela implique de remettre en question et de changer les pensées négatives ou destructrices qui peuvent nourrir la colère et la défensivité . Par exemple, au lieu de penser "Mon belle-père essaie toujours de me rendre la vie impossible", on pourrait reformuler la pensée comme "Mon belle-père et moi avons des approches différentes, mais nous voulons tous les deux le meilleur pour nos enfants". Cette technique peut aider à maintenir une perspective plus équilibrée et réduire la probabilité de conflits.

Établir et maintenir des limites claires est également crucial dans la coparentalité avec un narcissique. Ces limites peuvent concerner la manière et le moment de la communication, les sujets abordés et la gestion des désaccords. Établir des limites fermes et les respecter peut aider à éviter les situations qui déclenchent la colère ou la défensivité.

Négocier des compromis et trouver des points communs

La résolution des conflits est un aspect crucial de la coparentalité , surtout lorsque l'un des coparents présente des comportements narcissiques. Ce chapitre se concentrera sur des stratégies de négociation visant à trouver des points communs et à prioriser l'intérêt supérieur de l'enfant. Des sujets tels que l'engagement, l'assertivité et les techniques de résolution de problèmes seront abordés pour aider à naviguer dans des situations difficiles et parvenir à des accords mutuellement bénéfiques.

Négocier avec un coparent narcissique peut être difficile, car ils sont souvent inflexibles et centrés sur eux-mêmes. Cependant, il est possible de trouver des moyens de travailler ensemble pour le bien-être des enfants. Une approche clé consiste à identifier les intérêts communs. Malgré les différences, les deux coparents partagent généralement le désir d'assurer le bien-être et le bonheur de leurs enfants. Se concentrer sur cet objectif commun peut être un point de départ efficace pour les négociations.

La capacité de compromis est essentielle dans toute forme de négociation. Dans le contexte de la coparentalité, cela signifie être prêt à céder dans certains domaines pour parvenir à une solution bénéfique pour tous, en particulier pour les enfants. Par exemple, cela pourrait impliquer d'être flexible avec les horaires ou de convenir de certaines décisions éducatives ou de santé. Cependant, il est important que le compromis ne signifie pas céder à des demandes déraisonnables ou permettre des comportements nuisibles.

L'assertivité joue un rôle important dans la négociation et la résolution des conflits. Être assertif signifie exprimer ses besoins et opinions de manière claire et respectueuse, sans être agressif. Dans la coparentalité, être assertif peut aider à établir des limites claires et défendre le bien-être des enfants, tout en restant ouvert à la discussion et à la compromission.

Les techniques de résolution de problèmes sont des outils précieux pour gérer les désaccords. Cela peut inclure la définition claire du problème, l'identification de solutions possibles, l'évaluation de ces options et la mise en place d'un plan d'action. Dans ce processus, il est utile de maintenir une attitude de collaboration et d'éviter de tomber dans le piège de voir la situation comme une compétition.

Parfois, lorsque les négociations directes sont particulièrement difficiles, il peut être utile d'impliquer un tiers, tel qu'un médiateur ou un thérapeute spécialisé en coparentalité. Ces professionnels peuvent offrir une perspective neutre et aider à faciliter la communication et la résolution des conflits.

Chapitre 8: Comprendre et Atténuer l'Impact du Coparent Narcissique

Une des clés pour gérer la relation avec un coparent narcissique est de comprendre la nature de son comportement. Le narcissisme se caractérise par un sentiment exagéré d'importance, un besoin excessif d'admiration et souvent un manque d'empathie envers les autres. Comprendre que ces caractéristiques font partie d'un trouble de la personnalité peut aider à mettre en contexte leurs actions et réactions, et offrir une certaine perspective sur la raison pour laquelle ils agissent ainsi.

Un autre aspect important est d'apprendre à ne pas prendre le comportement du coparent narcissique personnellement. Bien que cela puisse être difficile, surtout lorsqu'on est confronté à des critiques ou des attaques, se rappeler que leur comportement est plus lié à leurs propres insécurités et besoins émotionnels qu'à une quelconque déficience de soi peut être très utile. Maintenir cette perspective peut réduire l'impact émotionnel de leurs actions et aider à adopter une position plus objective et centrée.

Nous offrirons également des stratégies pour se protéger et atténuer l'impact négatif du parent narcissique. Cela inclura établir et maintenir des limites claires, développer et maintenir un réseau de soutien solide et chercher des conseils ou une thérapie si nécessaire. Ces mesures aideront non seulement à gérer le stress et les émotions associés à la coparentalité avec un narcissique, mais contribueront également à préserver sa propre santé mentale et son bien-être.

De plus, nous aborderons l'importance de maintenir une approche centrée sur les enfants. Malgré les défis que présente la coparentalité avec un narcissique, il est crucial de prioriser le bien-être et les besoins des enfants. Cela peut impliquer de prendre des décisions difficiles et de rechercher des solutions créatives pour garantir que les enfants reçoivent le soutien et la stabilité dont ils ont besoin.

Ce chapitre fournira un ensemble d'outils et de connaissances pour aider les parents à naviguer et gérer efficacement la relation complexe avec un parent narcissique. En comprenant mieux les motivations derrière le comportement narcissique et en développant des stratégies efficaces pour se protéger et atténuer son impact, les parents peuvent travailler vers une dynamique de coparentalité plus saine et positive, axée sur le bien-être de leurs enfants.

Comprendre les motivations du comportement narcissique

Comprendre les motivations derrière le comportement narcissique dans les situations de coparentalité est essentiel pour naviguer correctement ces dynamiques et y répondre de manière efficace. Dans cette section, nous approfondirons les motivations sous-jacentes qui alimentent le comportement narcissique, ce qui peut fournir une compréhension plus claire des actions du parent narcissique et aider à mieux gérer les défis qu'ils présentent.

Une des caractéristiques centrales du narcissisme est le besoin de contrôle. Les parents narcissiques ressentent souvent le besoin de dominer et de contrôler les situations, y compris les aspects de la parentalité. Ce besoin peut se manifester par des tentatives de prendre des décisions unilatérales sur l'éducation des enfants, d'imposer leurs propres règles ou de manipuler les situations pour maintenir une position de pouvoir. Comprendre ce besoin de contrôle peut aider à anticiper certains comportements et à se préparer à y répondre de manière assertive en établissant des limites claires.

Un autre facteur important est le désir de validation et d'admiration. Les narcissiques recherchent constamment l'approbation et la reconnaissance des autres. Dans le contexte de la parentalité, cela peut se traduire par un comportement compétitif, où ils essaient de se démarquer en tant que "meilleur" parent ou de discréditer l'autre parent pour élever leur propre image. Reconnaître ce schéma peut être utile pour désamorcer les tentatives de compétition et recentrer la conversation sur ce qui compte vraiment : le bien-être des enfants.

L'aversion à la vulnérabilité est un autre aspect clé du narcissisme. Souvent, les narcissistes ont du mal à montrer de la faiblesse ou à admettre leurs erreurs, ce qui peut conduire à une défensive excessive ou à blâmer les autres lorsque les choses ne se passent pas comme prévu. Comprendre cette aversion peut fournir une perspective lorsqu'on est confronté aux dénis ou aux distorsions de la réalité de la part du parent narcissique.

En comprenant ces motivations sous-jacentes, les parents peuvent développer des stratégies plus efficaces pour interagir avec le parent narcissique. Cela inclut ne pas prendre ses actions personnellement, maintenir une communication centrée et objective, et chercher des moyens de collaborer qui minimisent le besoin de contrôle du narcissiste et favorisent un environnement de co-parentalité plus sain.

Éviter de prendre le comportement personnellement

Lorsque vous co-parentalisez avec un narcissique, il est facile de tomber dans le piège de prendre son comportement personnellement. Cependant, il est essentiel de se rappeler que ses actions et ses paroles proviennent souvent de ses propres insécurités et besoins, et ne sont pas un reflet de la valeur ou de la compétence en tant que parent. Maintenir cette perspective peut aider à protéger l'estime de soi et à éviter l'internalisation des critiques négatives.

Une des stratégies clés pour maintenir une image saine de soi est de se concentrer sur ses propres forces et réalisations. Reconnaître et célébrer ses propres succès en tant que parent, ainsi que dans d'autres domaines de la vie, peut aider à construire et à maintenir une image positive de soi. De plus, il est important de se rappeler et de réaffirmer ses propres valeurs et engagements en tant que parent, indépendamment des opinions ou des critiques du co-parent narcissique.

Un autre outil important est l'auto-validation . Cela implique de reconnaître et d'accepter ses propres sentiments et expériences, même lorsque le parent narcissique les minimise ou les ignore. L'auto-validation aide à renforcer la confiance en soi et favorise une plus grande résilience émotionnelle.

Rechercher le soutien de personnes de confiance est également essentiel. Cela peut être des amis, des membres de la famille, des groupes de soutien ou des professionnels tels que des thérapeutes. Ces sources de soutien peuvent offrir une perspective objective, une validation émotionnelle et des conseils pratiques pour faire face aux complexités de la coparentalité avec un narcissique. Le soutien d'autres personnes peut être un rappel puissant que l'on n'est pas seul dans cette expérience et que ses sentiments et expériences sont valides et compris.

Se protéger et atténuer l'impact négatif

Dans la coparentalité avec une personne de ce type, il est essentiel d'avoir des stratégies efficaces pour préserver sa santé mentale et minimiser l'impact négatif de ses comportements. Parmi ces stratégies, on peut citer l'établissement de limites fermes, la pratique de l'auto-soin et la recherche d'une aide professionnelle ou d'une thérapie pour faire face à l'impact du comportement du coparent . De plus, nous explorerons des moyens de minimiser l'interaction directe avec le coparent narcissique, tels que s'appuyer sur la communication écrite et faire appel à des médiateurs tiers lorsque cela est nécessaire.

Établir des limites claires et fermes est l'un des moyens les plus efficaces de se protéger dans une relation de coparentalité avec un narcissique. Ces limites peuvent concerner la fréquence et les moyens de communication, les modalités de prise de décision conjointe et la gestion des échanges lors des visites des enfants. Maintenir ces limites peut aider à réduire le stress et éviter les situations où le narcissique peut exercer un contrôle ou une manipulation.

Pratiquer l'auto-soin est essentiel pour maintenir la santé mentale et émotionnelle. Cela peut inclure des activités telles que l'exercice régulier, des passe-temps relaxants, une alimentation saine, suffisamment de repos et du temps pour soi. L'auto-soin peut également impliquer des pratiques de pleine conscience ou de méditation pour aider à gérer le stress et maintenir une perspective centrée.

Rechercher l'aide d'un professionnel ou d'une thérapie peut être crucial pour gérer l'impact émotionnel du comportement du coparent narcissique. Un thérapeute peut fournir des outils et des stratégies pour faire face et traiter les émotions difficiles, ainsi que fournir un soutien et une orientation dans la gestion de la relation de coparentalité.

Minimiser l'engagement direct avec le coparent narcissique est une autre stratégie utile. Cela peut signifier limiter la communication à des échanges écrits, tels que des e-mails ou des messages texte, qui permettent du temps pour réfléchir aux réponses et fournissent un enregistrement des interactions. Dans les situations où la communication directe est difficile ou conflictuelle, impliquer un médiateur ou un coordinateur parental peut aider à faciliter la communication et garantir que les décisions sont centrées sur l'intérêt supérieur des enfants.

Chapitre 9: Créer un Réseau de Soutien

La coparentalité avec un narcissiste peut être un chemin rempli de défis et souvent se sentir comme une expérience isolante. C'est pourquoi avoir un réseau de soutien fiable est essentiel. Ce réseau peut inclure des amis proches, des membres de la famille, des collègues ou même des voisins qui comprennent la situation et offrent un soutien émotionnel et pratique. Ces personnes peuvent être une source inestimable de conseils, une épaule sur laquelle pleurer ou simplement une oreille compréhensive.

De plus, les groupes de soutien, en personne ou en ligne, peuvent être une excellente ressource. Ces groupes offrent un espace sûr pour partager des expériences, apprendre des autres personnes dans des situations similaires et se sentir moins seul dans les défis de la coparentalité. À travers ces groupes, on peut découvrir de nouvelles stratégies d'adaptation et obtenir un sentiment de communauté et de compréhension.

La thérapie joue également un rôle important dans la construction d'un réseau de soutien. Un thérapeute spécialisé dans les relations familiales ou dans le traitement des narcissistes peut fournir des outils et des stratégies personnalisés pour gérer la coparentalité. De plus, la thérapie peut être un espace pour travailler sur la croissance personnelle, améliorer la communication et renforcer la résilience émotionnelle.

Un autre aspect précieux d'un réseau de soutien est la possibilité de partager des expériences. En discutant avec d'autres personnes qui ont vécu ou vivent des situations similaires, on peut obtenir de nouvelles perspectives et compréhensions. Ces conversations peuvent être une source de validation et de soulagement, en réalisant que l'on n'est pas seul dans cette expérience et que d'autres ont trouvé des moyens efficaces de gérer des situations similaires.

Identifier des alliés de confiance et des ressources de soutien

Dans le voyage souvent tumultueux de la coparentalité avec un narcissique, identifier des alliés fiables et des ressources de soutien est essentiel. Ces connexions offrent non seulement du réconfort et de la compréhension, mais elles peuvent également être vitales pour naviguer dans les complexités et les défis que cette situation présente. Dans cette section, nous approfondirons l'importance d'identifier des individus fiables et de soutien qui peuvent offrir des conseils et une assistance tout au long du parcours de la coparentalité.

Les alliés fiables peuvent prendre de nombreuses formes. Ils peuvent être des amis proches qui ont été à vos côtés pendant des années, des membres de la famille qui comprennent votre situation, ou des professionnels tels que des thérapeutes ou des conseillers. Ces personnes sont inestimables car elles offrent une épaule sur laquelle pleurer, une perspective objective et un espace sûr pour exprimer vos préoccupations et vos frustrations. Identifier ces personnes implique de considérer ceux dans votre cercle qui comprennent votre situation, respectent votre confidentialité et offrent des conseils et un soutien sans jugement.

Les amis proches, ceux avec qui il a partagé des expériences et qui connaissent son histoire, peuvent être d'un grand soutien. Ils peuvent offrir une perspective externe à la fois compatissante et réaliste. Parler à des amis peut apporter un soulagement émotionnel significatif, surtout en période de stress ou après des interactions difficiles avec le parent narcissique.

Les membres de la famille peuvent également être une ressource précieuse. Ils peuvent offrir un soutien pratique, comme s'occuper des enfants pendant les rendez-vous ou fournir un endroit pour se détendre et se ressourcer. Cependant, il est important de choisir des membres de la famille qui comprennent la dynamique de votre situation et qui n'aggravent pas les conflits ou les tensions.

Les professionnels tels que les thérapeutes ou les conseillers sont essentiels, surtout s'ils ont de l'expérience dans le travail avec des narcissistes ou dans les dynamiques de coparentalité. Ils peuvent proposer des stratégies pour gérer le stress, améliorer la communication et renforcer votre résilience émotionnelle. De plus, les professionnels peuvent aider à établir des limites efficaces avec le parent narcissique et à élaborer un plan d'éducation des enfants qui met l'accent sur leur bien-être.

En plus de ces alliés personnels, il est essentiel de rechercher un soutien auprès d'organisations et de ressources communautaires réputées. De nombreuses communautés ont des groupes de soutien pour les personnes qui coparentalisent, où elles peuvent partager des expériences et des stratégies. Ces groupes offrent l'opportunité de se connecter avec d'autres personnes dans des situations similaires, ce qui peut être à la fois éducatif et réconfortant.

Les plateformes en ligne sont également une ressource incroyablement précieuse. Les forums, les blogs et les réseaux sociaux peuvent vous connecter à une communauté plus large de personnes qui font face à des défis similaires. Ces espaces virtuels offrent souvent une mine d'informations, des stratégies de coparentalité à la gestion des interactions légales avec un narcissique.

Il est cependant crucial d'aborder ces ressources avec un esprit critique. Tous les conseils trouvés en ligne ou dans des groupes ne seront pas applicables ou sains pour votre situation spécifique. Sélectionner des informations et des conseils provenant de sources fiables et basés sur des preuves est essentiel.

Développement de stratégies d'adaptation par le biais de groupes de soutien et de thérapie

Faire face à la coparentalité avec un narcissique peut être une expérience accablante, pleine de défis émotionnels et pratiques. Dans cette partie du livre, nous nous concentrerons sur l'importance de développer des stratégies d'adaptation à travers des groupes de soutien et de thérapie spécialement conçus pour ceux qui coparentalisent avec un narcissique. Ces ressources peuvent être inestimables pour gérer les complexités spécifiques de cette situation et renforcer le bien-être émotionnel des personnes impliquées.

Les groupes de soutien offrent un espace sûr et accueillant où les personnes peuvent partager leurs expériences de coparentalité avec un narcissique. Dans ces groupes, les membres trouvent un sentiment de communauté et de compréhension qui fait souvent défaut dans d'autres domaines de leur vie. Partager des histoires et des défis avec des personnes confrontées à des circonstances similaires peut être profondément validant et réconfortant. Grâce aux discussions de groupe, les membres peuvent apprendre des expériences des autres, acquérir de nouvelles perspectives et découvrir des stratégies pratiques pour faire face aux défis quotidiens. Ces groupes peuvent être particulièrement utiles pour briser l'isolement et la solitude qui accompagnent souvent la coparentalité avec un narcissique.

En plus des groupes de soutien, la thérapie joue un rôle crucial dans le développement de mécanismes de coping efficaces. Un thérapeute spécialisé dans les relations avec les narcissistes ou dans les dynamiques de coparentalité peut fournir des conseils et des outils personnalisés pour gérer le stress et les émotions complexes qui surgissent dans ces situations. La thérapie peut aider les individus à mieux comprendre leurs propres réactions et sentiments, à développer des stratégies pour établir des limites saines et à apprendre des moyens de communication plus efficaces. Cela peut également être un espace pour travailler sur la guérison des blessures émotionnelles et la construction de la résilience nécessaire pour gérer la relation de coparentalité de manière plus saine et équilibrée.

Lors des séances de thérapie, les individus peuvent explorer des aspects de leur relation de coparentalité qui sont difficiles à aborder dans d'autres contextes. Cela peut inclure travailler sur la façon de répondre à la manipulation et au gaslighting , comment communiquer efficacement avec le coparent narcissique, et comment soutenir les enfants dans cet environnement complexe. Un thérapeute peut fournir un environnement de soutien et sans jugement, où les individus peuvent parler ouvertement de leurs préoccupations et défis.

En résumé, à la fois les groupes de soutien et la thérapie sont des ressources essentielles pour ceux qui coparentalisent avec un narcissiste. Ils offrent des espaces où l'on peut développer et renforcer des stratégies d'adaptation, apprendre des expériences des autres et recevoir un soutien professionnel. Ces ressources aident non seulement à gérer les défis actuels, mais aussi à doter les individus de compétences et de connaissances qui seront précieuses dans leur parcours de coparentalité et au-delà.

Partager des expériences et obtenir des perspectives d'autres personnes dans des situations similaires.

La connexion avec des individus ayant une expérience directe de la coparentalité avec un narcissiste peut être incroyablement précieuse. Cet échange d'expériences offre non seulement du réconfort et de la compréhension, mais il fournit également des perspectives et des stratégies qui peuvent être utiles pour gérer des situations difficiles. Dans cette section, nous soulignerons l'importance de se connecter avec des personnes qui ont fait face à des défis similaires et discuterons des avantages de partager des expériences, d'échanger des conseils et d'obtenir des perspectives d'autres personnes dans des situations similaires.

Partager des expériences avec d'autres personnes qui ont co-parentalisé avec un narcissique peut être une source de soutien émotionnel significatif. Souvent, ces conversations permettent aux individus de se sentir compris et validés dans leurs expériences, ce qui peut être difficile à trouver dans d'autres environnements. Écouter les histoires des autres peut apporter du réconfort et l'assurance qu'ils ne sont pas seuls dans leurs luttes. De plus, échanger des expériences peut fournir de nouvelles idées et des stratégies pour gérer des situations compliquées, ce qui est inestimable dans la co-parentalité avec un narcissique.

Échanger des conseils et apprendre des expériences des autres offre également une opportunité d'acquérir de nouvelles perspectives. Souvent, en écoutant comment d'autres personnes ont navigué à travers des défis similaires, on peut obtenir des idées sur la façon d'aborder ses propres problèmes de manière peut-être non envisagée auparavant. Ces perspectives peuvent être particulièrement utiles lorsque l'on se sent bloqué ou incertain sur la façon de procéder dans certaines situations de co-parentalité.

Pour trouver et se connecter à ces communautés, plusieurs options peuvent être explorées. Les forums et les communautés en ligne offrent une plateforme accessible pour se connecter avec d'autres personnes dans des situations similaires. Ces espaces virtuels ont souvent une variété de sous-forums y fils de discussion où les expériences et les conseils peuvent être partagés. De plus, les réseaux sociaux peuvent être une ressource précieuse pour trouver des groupes de soutien et des communautés liées à la coparentalité et au narcissisme. Ces groupes peuvent offrir un espace sûr pour discuter des défis, poser des questions et recevoir le soutien de personnes qui comprennent la complexité de ces expériences.

Les groupes de soutien locaux peuvent également être une excellente option pour ceux qui préfèrent l'interaction en personne. Ces groupes se réunissent généralement régulièrement et peuvent être animés par des professionnels qui offrent des conseils et un soutien supplémentaires. De plus, les thérapeutes ou les conseillers peuvent recommander des groupes de soutien spécifiques ou des réseaux qui peuvent être utiles.

En résumé, se connecter avec d'autres personnes qui ont vécu la coparentalité avec un narcissique peut être une partie essentielle du parcours pour gérer cette relation difficile. Partager des expériences, échanger des conseils et obtenir des perspectives d'autres personnes non seulement apporte un soutien émotionnel et une validation, mais enrichit également l'arsenal de stratégies et de connaissances disponibles pour faire face aux défis uniques de la coparentalité avec un narcissique.

Chapitre 10 : Considérations légales pour la coparentalité avec un narcissique

Comprendre les lois et les droits de garde est essentiel pour tout parent qui coparentalise, mais cela devient encore plus crucial lorsqu'il s'agit d'un narcissique. Les lois sur la garde varient selon la juridiction, il est donc essentiel de se tenir informé des lois spécifiques de votre région. Cette section donnera un aperçu de ce que les parents peuvent attendre en termes de garde légale et physique, et comment les tribunaux abordent généralement ces situations. Il sera également discuté de l'importance de comprendre ses propres droits légaux afin de pouvoir défendre efficacement les meilleurs intérêts des enfants.

Travailler avec des avocats et des professionnels spécialisés en droit de la famille est un autre sujet clé. Un avocat expérimenté dans les cas de coparentalité avec des narcissiques peut être une ressource inestimable. Ils peuvent fournir des conseils spécifiques, aider à développer une stratégie juridique solide et représenter efficacement les intérêts du parent devant le tribunal. Dans cette section, des conseils seront donnés sur la façon de choisir le bon avocat et de travailler efficacement avec lui pour obtenir les meilleurs résultats possibles.

La navigation à travers les procédures judiciaires et la documentation est également un aspect important dans ces situations. Cela peut inclure la préparation et la présentation de documents juridiques, la compréhension des procédures judiciaires et savoir à quoi s'attendre lors des audiences de garde. La documentation peut être particulièrement cruciale dans les cas où il est nécessaire de démontrer des schémas de comportement narcissique ou d'abus. Des stratégies seront fournies pour organiser et présenter efficacement la documentation et les preuves.

Comprendre les lois et les droits de garde

La garde légale fait référence au droit de prendre des décisions importantes concernant le bien-être de l'enfant, y compris l'éducation, les soins médicaux et les décisions religieuses. Dans certains cas, la garde légale peut être partagée entre les deux parents, ce qui signifie que les deux ont voix au chapitre dans ces décisions importantes. Dans d'autres cas, un seul parent peut avoir la garde légale exclusive.

La garde physique, en revanche, concerne avec qui l'enfant vit. Tout comme la garde légale, la garde physique peut être partagée (où l'enfant partage son temps entre les deux parents) ou exclusive à l'un des parents, l'autre ayant des droits de visite. Les droits de visite, ou le temps de garde, font référence aux horaires spécifiques convenus ou ordonnés par le tribunal pour que le parent non gardien passe du temps avec l'enfant.

Il est essentiel de comprendre ces termes et comment ils s'appliquent à votre situation spécifique, en particulier lorsque vous co-parentalisez avec un narcissique. Un co-parent narcissique peut essayer de manipuler ou de contrôler la situation de garde dans son propre intérêt, il est donc essentiel d'avoir une connaissance claire de vos droits et responsabilités pour vous protéger et protéger les intérêts de votre enfant.

Dans les décisions de garde, les tribunaux considèrent principalement l'intérêt supérieur de l'enfant. Cela peut inclure des facteurs tels que la capacité de chaque parent à fournir un environnement stable et de soutien, la relation de l'enfant avec chaque parent, la santé mentale et physique des parents, ainsi que tout antécédent d'abus ou de négligence. Dans les cas où l'un des parents est narcissique, ces facteurs peuvent être particulièrement importants, car le comportement narcissique peut avoir un impact sur le bien-être émotionnel et physique de l'enfant.

Travailler avec des avocats et des professionnels du droit

Travailler avec des avocats et des professionnels juridiques dans le contexte de la coparentalité avec un narcissique nécessite une considération attentive et une communication efficace. Lorsque vous êtes confronté à un coparent narcissique, choisir un avocat ayant de l'expérience dans les affaires de garde à haut conflit et comprenant la dynamique du comportement narcissique est essentiel. Cette section vous guidera sur la manière de collaborer efficacement avec des avocats et des professionnels juridiques dans de telles situations.

Le choix d'un avocat approprié est une étape cruciale. Il est important de rechercher un professionnel ayant une expérience spécifique dans les affaires à haut conflit et qui est familier avec les tactiques et les comportements des narcissiques. Un avocat ayant ce type d'expérience sera mieux équipé pour anticiper et gérer les stratégies d'un coparent narcissique, ce qui est essentiel pour protéger vos intérêts et ceux de vos enfants. Il peut être utile de mener des recherches approfondies, de demander des recommandations et de mener des entretiens préliminaires avec des avocats potentiels afin d'évaluer leur expérience et leur approche.

Une fois qu'un avocat a été sélectionné, une communication efficace est essentielle. Fournir des informations précises et détaillées sur votre situation est fondamental. Cela inclut les antécédents des interactions avec le coparent narcissique, des exemples spécifiques de son comportement et comment cela vous a affecté, ainsi que vos enfants. Être ouvert et honnête avec votre avocat aidera à formuler une stratégie légale plus efficace.

De plus, il est important de recueillir et de présenter des preuves étayant votre cas. Cela peut inclure des communications écrites, des enregistrements d'incidents et des témoignages de témoins. Un avocat expérimenté peut vous guider sur le type de preuves les plus pertinentes et comment les recueillir de manière efficace. Une documentation précise et organisée peut être cruciale dans les affaires de garde, surtout lorsque vous êtes confronté à un coparent narcissique qui pourrait essayer de manipuler les faits.

Suivre les conseils et l'orientation de votre avocat est un autre aspect essentiel. Les avocats spécialisés en droit de la famille et les cas de conflit élevé ont une connaissance approfondie des lois et des processus juridiques pertinents. Faire confiance à leur expérience et suivre leurs recommandations peut augmenter les chances d'un résultat favorable dans votre affaire de garde. Cela peut inclure le suivi de stratégies juridiques spécifiques, se préparer aux audiences de garde et suivre les protocoles juridiques.

En résumé, travailler avec des avocats et des professionnels du droit lors de la coparentalisation avec un narcissique implique de trouver un avocat ayant l'expérience et les compétences appropriées, de communiquer de manière efficace et de suivre leurs conseils professionnels. Cela peut faire une différence significative dans la gestion de la dynamique de la coparentalité et dans la protection de vos droits et de ceux de vos enfants. Avec le soutien juridique approprié, vous pouvez naviguer avec plus de confiance les défis juridiques et émotionnels posés par la coparentalité avec un narcissique.

Procédures judiciaires et documentation

Naviguer à travers les procédures judiciaires et la documentation nécessaire dans des situations de coparentalité avec un narcissique peut être un terrain compliqué et accablant. Cependant, avec la préparation et la stratégie appropriées, il est possible de gérer ce processus de manière plus efficace.

Le processus judiciaire dans les cas de coparentalité , en particulier avec un coparent narcissique, commence souvent par le dépôt de demandes. Cela peut inclure des demandes de garde, des modifications d'accords existants ou des mesures visant à protéger le bien-être des enfants. Comprendre comment et quand présenter ces demandes est crucial, et un avocat spécialisé en droit de la famille peut fournir une orientation essentielle à cette étape.

Assister à des audiences judiciaires est une autre étape importante du processus. Ces audiences peuvent être intimidantes, surtout lorsqu'on est confronté à un coparent narcissique qui peut être manipulateur ou confrontationnel. Se préparer à ces audiences implique non seulement de connaître les détails de votre cas, mais aussi de comprendre les attentes et les procédures du tribunal. Votre avocat peut vous préparer sur la façon de vous présenter, quoi dire et comment répondre aux questions qui pourraient vous être posées.

Présenter des preuves est essentiel dans ces cas. Les preuves peuvent inclure des enregistrements de communication entre les co-parents , des documents démontrant le comportement du co-parent narcissique, et toute autre information soutenant votre argument selon lequel l'arrangement de garde proposé est dans l'intérêt supérieur des enfants. Organiser ces preuves de manière claire et logique est fondamental. Cela implique de tenir un registre détaillé des interactions pertinentes, de recueillir des déclarations de témoins si nécessaire, et de documenter tout incident pouvant être pertinent pour le cas.

En plus de préparer et présenter des preuves, il est important de comprendre et de gérer correctement tous les documents juridiques liés à l'affaire. Cela inclut les accords de garde, les ordonnances judiciaires précédentes et toute correspondance légale. Maintenir ces documents bien organisés et accessibles peut faciliter la référence à des informations spécifiques lors des audiences et lors de la communication avec votre avocat.

Chapitre 11: Reconstruire la Confiance et la Coparentalité

Cette section sera consacrée à explorer des stratégies et des techniques pour rétablir la confiance perdue et favoriser une dynamique de coparentalité plus efficace et respectueuse. Nous fournirons des conseils sur la façon de faire face aux trahisons passées, de promouvoir une communication efficace et de pratiquer le pardon et la libération du ressentiment.

Reconstruire la confiance après des expériences négatives avec un coparent narcissique peut sembler une tâche écrasante. Cependant, c'est une étape cruciale pour établir une relation de coparentalité qui fonctionne dans l'intérêt des enfants. Aborder les trahisons passées est la première étape vers la reconstruction de cette confiance. Cela peut impliquer des conversations honnêtes et directes sur les actions passées et comment elles ont affecté la relation. Bien qu'il soit peu probable de changer le comportement du narcissique, exprimer comment ses actions ont eu un impact peut être cathartique et constituer une étape vers la guérison personnelle.

La promotion d'une communication efficace est essentielle dans ce processus. Cela signifie développer une forme de communication claire, directe et axée sur le bien-être des enfants. Établir des limites claires sur les sujets appropriés à discuter et ceux qui ne le sont pas, et s'y tenir, est essentiel. Dans certains cas, il peut être utile d'utiliser des méthodes de communication indirectes, telles que les e-mails ou les applications de messagerie, qui permettent un espace de réflexion avant de répondre et évitent les conflits inutiles.

Pratiquer le pardon et laisser aller le ressentiment ne signifie pas oublier ou excuser les actions du narcissique, mais plutôt se libérer du fardeau émotionnel que ces expériences passées peuvent entraîner. Le pardon est un processus qui bénéficie principalement à la personne qui pardonne, lui permettant d'avancer sans le poids de la colère ou de l'amertume. Cela n'implique pas une réconciliation avec le parent narcissique, mais plutôt atteindre un état d'acceptation et de paix intérieure qui facilite une coparentalité plus efficace.

Reconstruire la confiance après les trahisons du passé

Reconstruire la confiance après des trahisons passées avec un parent narcissique est un processus difficile et délicat. Les trahisons, qu'elles soient grandes ou petites, érodent la confiance et peuvent laisser des cicatrices profondes. Cependant, pour le bien des enfants et d'une coparentalité efficace, il peut être nécessaire de se lancer dans ce voyage difficile.

La première étape dans la reconstruction de la confiance est d'établir des attentes réalistes. Lorsqu'il s'agit d'un narcissique, il est crucial de comprendre que ses comportements et ses schémas enracinés ne changeront pas du jour au lendemain, s'ils changent. Établir des limites claires et définies est essentiel. Ces limites protègent non seulement le parent non narcissique des futures trahisons, mais établissent également un cadre clair pour l'interaction et la communication.

Un comportement cohérent et fiable est une stratégie clé pour reconstruire la confiance. Cela signifie respecter les engagements, être ponctuel pour les rendez-vous et les livraisons des enfants, et tenir les promesses faites. La constance dans ces actions peut commencer à poser les bases d'une relation de coparentalité plus prévisible et fiable.

La communication ouverte joue également un rôle vital. Cela implique parler honnêtement des attentes et des sentiments, et écouter activement l'autre coparent. Bien que cela puisse être difficile, essayer de maintenir une communication respectueuse et axée sur les enfants peut aider à faciliter une relation plus harmonieuse.

Exprimer des regrets pour les trahisons passées est un autre aspect important de la reconstruction de la confiance. Dans le cas d'un narcissique, le véritable repentir peut être rare, mais tout signe de compréhension ou de reconnaissance des actions passées et de leur impact peut être un pas vers la réparation de la relation.

Identifier les signes de changement réel dans le comportement du parent narcissique est crucial. Ces signes peuvent inclure une plus grande disposition à coopérer, des changements dans la façon de communiquer ou dans l'attitude envers les enfants. Cependant, il est important de gérer les attentes et de ne pas supposer que chaque changement positif représente une transformation complète.

En fin de compte, reconstruire la confiance avec un parent narcissique nécessite du temps, de la patience et une évaluation continue de la situation. Cela peut être un processus de progrès et de reculs, où la protection de ses propres limites et le bien-être émotionnel sont primordiaux. Grâce à une approche équilibrée combinant réalisme, communication ouverte et reconnaissance des changements positifs, il est possible de créer une dynamique de coparentalité qui fonctionne pour les deux parents et, surtout, qui profite aux enfants.

Promouvoir une communication efficace entre les parents

Promouvoir une communication efficace dans la coparentalité avec un ex-partenaire narcissique est un aspect crucial qui peut faire la différence dans l'expérience quotidienne d'élever des enfants. Une communication claire et respectueuse aide à minimiser les malentendus et les conflits, facilitant un environnement plus sain pour les enfants.

Pour améliorer la communication, il est essentiel d'utiliser un langage assertif et non confrontationnel. Cela signifie exprimer ses propres besoins et préoccupations de manière claire et directe, sans recourir à l'agressivité ou à la passivité. Utiliser le terme "je" au lieu de "tu" lors de la communication des sentiments et des besoins peut aider à éviter que l'autre se sente attaqué, ce qui est particulièrement important lorsqu'il s'agit d'un narcissique, qui peut être particulièrement sensible à ce qu'il perçoit comme des critiques.

L'écoute active est un autre outil essentiel dans la communication de coparentalité . Cela implique de prêter une attention complète lorsqu'on parle au coparent, en montrant un intérêt sincère pour ses paroles et en répondant de manière réfléchie. Cela aide non seulement à mieux comprendre son point de vue, mais montre également du respect et de la considération, ce qui peut favoriser un dialogue plus ouvert et collaboratif.

Établir des limites claires est tout aussi important. Ces limites peuvent inclure des accords sur comment et quand communiquer, quels sujets sont appropriés à discuter et comment les décisions relatives à l'éducation des enfants seront gérées. Ces limites aident à créer un cadre clair pour l'interaction, ce qui peut réduire les malentendus et les conflits.

Gérer les conflits et les luttes de pouvoir est un défi inévitable dans la coparentalité avec un narcissiste. Il est important d'aborder les conflits de manière constructive, de se concentrer sur le problème plutôt que sur la personne et de rechercher des solutions qui bénéficient aux enfants. Dans les situations où les luttes de pouvoir s'intensifient, il peut être utile de faire une pause dans la conversation ou de rechercher l'intervention d'un médiateur.

Promouvoir la coopération, la collaboration et le respect mutuel sont des objectifs ultimes dans la communication de coparentalité . Cela signifie travailler ensemble pour le bien-être des enfants, reconnaître et apprécier les efforts de l'autre parent lorsque cela est approprié, et toujours mettre les intérêts des enfants au premier plan.

En résumé, cette section du livre fournira des conseils et des stratégies pour améliorer la communication dans la coparentalité avec un ancien partenaire narcissique. Grâce à l'affirmation de soi , à l'écoute active, à la définition de limites claires, à la gestion efficace des conflits et à la promotion de la coopération, il est possible de développer une dynamique de coparentalité plus efficace et respectueuse, ce qui est essentiel pour le bien-être émotionnel et le développement sain des enfants.

Pratiquer le pardon et laisser de côté le ressentiment

La pratique du pardon et la libération du ressentiment sont des aspects fondamentaux pour parvenir à une relation de coparentalité plus saine, surtout lorsque l'un des parents présente des comportements narcissiques. Cette section du livre mettra en évidence l'importance du pardon non seulement comme un acte bénéfique pour la relation de coparentalité, mais aussi comme un chemin vers la guérison personnelle et le bien-être des enfants impliqués.

Le ressentiment envers un coparent narcissique est une réaction naturelle, surtout après des expériences négatives. Cependant, entretenir ces sentiments à long terme peut être préjudiciable à votre bien-être émotionnel et peut affecter négativement la capacité de coparentalité efficace. Il est donc crucial de trouver des moyens de traiter et de gérer ces sentiments.

Une stratégie pour faire face au ressentiment est de permettre de ressentir et de reconnaître ces émotions sans jugement. Accepter qu'il est normal de se sentir blessé et en colère après des expériences difficiles est la première étape vers la guérison. L'écriture réflexive, la méditation et la thérapie peuvent être des outils utiles pour traiter ces sentiments.

Le pardon, dans ce contexte, ne signifie pas oublier ou justifier les actions du narcissique, mais plutôt se libérer du fardeau du ressentiment. Le pardon est un processus qui bénéficie principalement à la personne qui pardonne, lui permettant d'avancer sans le poids du ressentiment. De plus, le pardon peut avoir un impact positif sur les enfants, car il leur montre un exemple de gestion saine des émotions et de résolution des conflits.

L'empathie est un autre aspect crucial sur le chemin du pardon. Essayer de comprendre, même si l'on n'est pas nécessairement d'accord, avec la perspective du narcissique peut aider à soulager certains des sentiments négatifs. Cela ne signifie pas justifier son comportement, mais plutôt reconnaître que ses actions sont souvent motivées par ses propres luttes internes.

Pratiquer l'auto-compassion est également important. Être gentil et compréhensif envers soi-même, reconnaître que faire de son mieux dans une situation difficile est suffisant, et se donner de l'espace et du temps pour guérir sont des aspects essentiels de l'auto-compassion. Cela inclut également prendre soin de sa santé mentale et physique, chercher du soutien lorsque cela est nécessaire.

Mettre en place des pratiques de pardon, comme des méditations axées sur le pardon, peut être une technique puissante. Ces pratiques peuvent aider à libérer le ressentiment et favoriser des sentiments de paix et de libération.

En résumé, cette section du livre fournira des conseils et des stratégies sur la façon de pratiquer le pardon et de se libérer du ressentiment dans la coparentalité avec un narcissiste. Grâce au traitement émotionnel, à la cultivation de l'empathie, à la pratique de l'auto-compassion et aux pratiques de pardon, il est possible de progresser vers une relation de coparentalité plus paisible et plus saine, ce qui est bénéfique tant pour les parents que pour les enfants.

Chapitre 12: Autonomie et Développement Personnel

La coparentalité avec un narcissiste peut être une expérience qui demande beaucoup de temps et d'énergie émotionnelle. Cependant, il est crucial de se rappeler l'importance de prendre soin de soi. Ce chapitre encouragera les lecteurs à réfléchir à leurs propres forces et aspirations. Identifier ce qui les rend uniques, leurs talents et ce qu'ils souhaitent accomplir peut être un puissant rappel de leur valeur et de leur potentiel, au-delà de leur rôle de coparent.

Établir des limites saines est essentiel pour l'auto-soin. Bien que beaucoup soit dit sur l'établissement de limites dans la relation de coparentalité, il est tout aussi important d'établir des limites dans d'autres domaines de la vie. Cela peut inclure apprendre à dire non, consacrer du temps à des activités qu'ils apprécient et s'assurer que leurs besoins émotionnels et physiques sont satisfaits.

Trouver satisfaction et bonheur personnel est un autre domaine clé que ce chapitre explorera. Malgré les difficultés de la coparentalité avec un narcissiste, il est possible de trouver joie et épanouissement dans la vie. Cela peut impliquer de reprendre d'anciens passe-temps, de rechercher de nouvelles aventures, de s'impliquer dans des activités communautaires ou même de se lancer dans de nouvelles voies professionnelles ou éducatives. Nourrir la passion et l'enthousiasme pour la vie peut être incroyablement enrichissant et empowering.

Identifier les points forts et les objectifs personnels

Reconnaître ses propres forces et établir des objectifs personnels sont des étapes fondamentales sur le chemin de l'autonomisation et de la croissance personnelle, surtout lorsqu'on navigue dans la complexité de la coparentalité avec un narcissiste. L'auto-réflexion et la prise de conscience de soi sont des outils cruciaux pour ce processus, permettant aux individus de découvrir leurs compétences innées et de définir ce qu'ils veulent vraiment accomplir dans leur vie.

L'importance de l'auto-réflexion et de la prise de conscience de soi ne peut être sous-estimée. Grâce à l'introspection, les individus peuvent mieux comprendre leurs valeurs, leurs croyances et ce qui les passionne. Cette compréhension profonde de soi-même est la première étape pour identifier les forces personnelles et établir des objectifs qui reflètent leurs véritables désirs et aspirations. L'auto-réflexion aide également à reconnaître et à surmonter les limitations internes telles que les doutes et les peurs, qui peuvent entraver la progression vers ces objectifs.

Pour faciliter ce processus de découverte de soi, plusieurs techniques et exercices peuvent être utilisés. Par exemple, l'écriture réflexive, comme tenir un journal, peut être une façon efficace d'explorer les pensées et les émotions. Les exercices de visualisation, où l'on s'imagine atteindre ses objectifs et vivre selon ses forces, peuvent également être puissants. De plus, la création de cartes d'objectifs ou de tableaux de vision peut aider à visualiser clairement et concrètement les objectifs et les aspirations.

Avoir un sens clair de but et de direction dans la vie apporte de nombreux avantages. Il fournit un guide pour la prise de décision, augmente la motivation et la persistance dans la réalisation des objectifs, et améliore l'estime de soi et la satisfaction personnelle. De plus, un sens du but peut être une source de force, surtout en période de stress ou de défi, comme lors de la coparentalité avec un narcissique.

Établir des objectifs réalistes et atteignables est un autre aspect important. Les objectifs doivent être stimulants, mais aussi réalistes et adaptés aux circonstances personnelles et aux ressources disponibles. En fixant de petits objectifs réalisables, on peut obtenir des victoires à court terme qui favorisent la progression vers des objectifs plus importants et à long terme.

Établir des limites au-delà de la coparentalité

L'établissement de limites personnelles va au-delà des interactions de coparentalité ; c'est une partie essentielle de prendre soin de soi et de maintenir son bien-être émotionnel, surtout lorsqu'il s'agit de se rapporter à un coparent narcissique. Ces limites sont les lignes directrices que nous établissons pour nous-mêmes sur ce que nous sommes prêts à accepter et comment nous voulons être traités par les autres. Elles sont essentielles pour protéger notre énergie, nos émotions et notre santé mentale.

Dans le contexte de la coparentalité avec un narcissique, établir des limites claires et efficaces peut être challenging mais c'est extrêmement nécessaire. Une étape critique dans ce processus est la communication assertive. Être assertif implique d'exprimer ses besoins et ses préoccupations de manière directe et respectueuse, sans être agressif. Par exemple, il peut être nécessaire d'établir des limites concernant les horaires de communication ou les formes acceptables d'interaction, surtout si le coparent narcissique a tendance à être envahissant ou confrontationnel.

De plus, établir des attentes claires dès le début aide à éviter les malentendus et les conflits. Cela pourrait impliquer des accords sur l'éducation des enfants, la prise de décisions et la résolution des conflits. En ayant des attentes claires et cohérentes, on peut réduire les opportunités pour que le co-parent narcissique manipule ou contrôle la situation.

Cependant, établir des limites avec un narcissique comporte souvent des défis. Vous pouvez rencontrer de la résistance, de la manipulation ou même un comportement hostile. Dans ces cas, il est important de rester ferme et cohérent dans vos limites. Il peut être utile de pratiquer des réponses à des scénarios possibles ou de rechercher les conseils d'un thérapeute ou d'un conseiller pour renforcer votre stratégie de limites.

Dans certains cas, il peut être nécessaire de réévaluer et d'ajuster les limites avec le temps. Les limites ne sont pas statiques ; elles peuvent et doivent évoluer à mesure que les circonstances et les besoins changent. La clé est de maintenir une attitude flexible et d'être prêt à s'adapter, toujours en mettant l'accent sur votre bien-être et celui de vos enfants.

Trouver l'épanouissement personnel et le bonheur

Trouver la satisfaction personnelle et le bonheur est essentiel pour tout individu, mais cela prend encore plus d'importance lorsqu'on est confronté à des défis tels que la coparentalité avec un narcissique. Cette section du livre se concentrera sur l'importance des pratiques d'autosoins et le rôle qu'elles jouent dans la promotion de l'épanouissement personnel et du bonheur. De plus, nous fournirons des suggestions sur la façon d'incorporer des activités d'autosoins dans les routines quotidiennes, en tenant compte des contraintes imposées par la coparentalité.

Les pratiques d'autosoins sont essentielles pour maintenir le bien-être émotionnel et physique. Ces pratiques peuvent varier considérablement en fonction des intérêts et des besoins individuels et peuvent inclure des activités telles que l'exercice physique, des passe-temps créatifs, des pratiques de mindfulness ou tout simplement prendre du temps pour se détendre et se déconnecter. L'important est de trouver des activités qui nourrissent et revitalisent, tant mentalement que physiquement.

Incorporer l'auto-soin dans la routine quotidienne peut être un défi, surtout pour les parents qui équilibrent la coparentalité avec d'autres responsabilités. Cependant, même de petites pratiques peuvent avoir un grand impact. Cela peut être aussi simple que consacrer quelques minutes chaque matin à la méditation, faire une courte activité physique, ou consacrer du temps chaque semaine à une activité que l'on apprécie. Ces pratiques offrent non seulement une pause des tensions de la coparentalité, mais elles sont également essentielles pour recharger ses énergies et maintenir une perspective positive.

Le concept du bonheur, surtout dans des circonstances difficiles, nécessite souvent une réévaluation de ce que signifie être heureux. Le bonheur n'est pas toujours un état constant de joie, mais plutôt une sensation de satisfaction et de plénitude qui peut être trouvée même dans de petits moments ou réalisations. Cultiver une mentalité qui valorise les petites victoires et trouve de la gratitude dans le quotidien peut être incroyablement enrichissant.

Il est important de se rappeler que chercher le bonheur et l'épanouissement personnel n'est pas un acte égoïste, mais une partie cruciale d'être un bon parent. Être mentalement et émotionnellement en bonne santé permet aux individus d'être plus présents, patients et compréhensifs dans leur rôle de parent.

Chapitre 13: Faire face aux défis de la coparentalité lors d'occasions spéciales

Les fêtes et les célébrations peuvent être un terrain fertile pour les défis de la coparentalité, surtout lorsqu'un narcissique est impliqué. Ces événements nécessitent souvent une planification et une coordination supplémentaires, et les émotions peuvent s'intensifier pendant ces moments. Pour faire face à cela, des stratégies seront explorées pour créer des plans de parentalité partagée qui soient justes et attentifs aux besoins de tous les participants, en particulier les enfants. Ces plans peuvent inclure des accords sur les horaires, la logistique du transport et la façon de partager le temps pendant les fêtes et les vacances.

Gérer les attentes et les conflits potentiels est un autre aspect important dans ces situations. Souvent, les parents et les enfants ont des attentes sur la façon dont ces occasions spéciales devraient se dérouler. Nous parlerons de la manière de communiquer efficacement les attentes et d'être ouvert aux compromis et aux solutions alternatives. Dans les cas où des conflits surviennent, des conseils seront donnés sur la façon de les aborder de manière constructive, en mettant toujours l'accent sur le bien-être émotionnel des enfants.

Promouvoir une expérience positive pour les enfants est l'objectif ultime de la coparentalité lors des occasions spéciales. Indépendamment des tensions ou des défis entre les coparents, il est crucial que les enfants puissent profiter de ces célébrations sans se sentir pris au piège au milieu de conflits d'adultes. Ce chapitre fournira des suggestions sur la manière dont les parents peuvent travailler ensemble ou parallèlement pour s'assurer que les occasions spéciales sont des moments de joie et de célébration pour leurs enfants.

Créer des plans de garde partagée pour des occasions spéciales

L'établissement de plans de garde partagée pour des occasions spéciales est un aspect crucial de la coparentalité , en particulier lorsqu'un coparent narcissique est impliqué. Ces plans fournissent un cadre clair et convenu qui aide à gérer les attentes et à réduire les conflits potentiels. Dans ce sous-point, nous aborderons l'importance de créer des plans bien définis et mutuellement convenus pour des événements tels que les anniversaires, les fêtes et les vacances.

La communication efficace est la clé de la création de ces plans. Cela implique de discuter ouvertement et honnêtement des souhaits et des besoins de chaque coparent, ainsi que des attentes et des préférences des enfants. Cette communication doit se concentrer sur la recherche de solutions pratiques qui fonctionnent pour les deux parties et, surtout, qui bénéficient aux enfants. Il est essentiel d'aborder ces dialogues avec une attitude de collaboration, plutôt que de confrontation, pour favoriser un environnement de compréhension et de coopération.

Une stratégie utile dans l'élaboration de plans de coparentalité consiste à développer des propositions à l'avance et à les présenter pour discussion. Cela peut inclure des propositions d'horaires, d'activités planifiées et d'arrangements logistiques. Anticiper et avoir un plan préliminaire peut faciliter la négociation et l'ajustement des détails, permettant aux deux parents de se sentir écoutés et pris en compte dans le processus de planification.

La flexibilité et l'engagement sont essentiels dans ces accords. Il est important de reconnaître qu'il est peu probable qu'un plan satisfasse toutes les préférences et les besoins de chaque parent. Être prêt à faire des concessions et à s'adapter aux circonstances changeantes peut être crucial pour parvenir à un accord efficace. La flexibilité est également importante pour gérer les imprévus qui peuvent survenir, en veillant à ce que les intérêts et le bien-être des enfants restent au centre de toutes les décisions.

De plus, il est bénéfique pour les enfants de voir leurs parents travailler ensemble et parvenir à des accords. Cela leur donne un sentiment de stabilité et de sécurité, en leur montrant que malgré les différences, les deux parents sont engagés dans leur bonheur et leur bien-être. Des plans de garde partagée bien exécutés pour des occasions spéciales peuvent transformer ces événements en moments de joie et de célébration, plutôt que de tension et de conflit.

Gestion des attentes et des conflits potentiels

Naviguer à travers les attentes et les conflits potentiels lors d'occasions spéciales est un aspect complexe de la coparentalité, surtout lorsque l'un des parents présente des comportements narcissiques. Les différences d'attentes entre les coparents peuvent être une source significative de tension et de malentendus, mais avec des stratégies efficaces, il est possible de gérer ces défis de manière à mettre le bien-être des enfants au premier plan.

L'un des plus grands défis de la coparentalité lors d'occasions spéciales est la gestion des attentes divergentes. Chaque coparent peut avoir des idées différentes sur la façon de célébrer un événement, quels cadeaux sont appropriés ou même comment répartir le temps. Reconnaître et valider ces différences est la première étape pour les gérer de manière appropriée. La clé est la communication : discuter ouvertement et respectueusement des attentes avant l'événement peut aider à prévenir les malentendus et les conflits.

Lorsque des conflits surviennent, il est essentiel de maintenir une approche respectueuse et axée sur les enfants. Cela signifie éviter les disputes animées devant les enfants et rechercher des solutions qui minimisent l'impact émotionnel sur eux. Dans les situations où le conflit est inévitable, il peut être utile d'avoir des stratégies prédéfinies, telles que prendre une pause pour se calmer avant de répondre ou utiliser la médiation d'un tiers pour trouver une solution.

Il est essentiel de se concentrer sur le bien-être des enfants et de minimiser les interruptions dans leur expérience pendant ces occasions. Cela pourrait impliquer des compromis, tels que convenir d'un horaire partagé qui permet aux enfants de profiter d'un temps de qualité avec les deux parents. Il peut également être nécessaire de donner la priorité aux traditions ou aux activités qui sont les plus significatives pour les enfants, même si cela nécessite de la flexibilité et de l'adaptation de la part des coparents.

De plus, il est important de se rappeler que, bien que les coparents puissent avoir leurs propres attentes et désirs pour ces occasions, l'accent principal doit toujours être mis sur l'expérience et le bonheur des enfants. Créer des souvenirs positifs et offrir un sentiment de normalité et de célébration aux enfants doit être l'objectif principal.

Promouvoir une expérience positive pour les enfants lors des célébrations

Favoriser une atmosphère positive et joyeuse pour les enfants lors des célébrations est essentiel, en particulier dans les contextes de coparentalité où l'un des parents peut avoir des tendances narcissiques. Les occasions spéciales, qu'il s'agisse d'anniversaires, de festivités ou d'événements scolaires, offrent une opportunité unique de créer des souvenirs heureux et durables pour les enfants. Dans ce contexte, il est vital que les coparents collaborent pour s'assurer que ces célébrations soient des moments de joie et de plaisir pour leurs enfants.

Une stratégie clé pour y parvenir est la collaboration active entre les co-parents. Cela implique une communication efficace et une planification conjointe pour s'assurer que les célébrations reflètent les intérêts et les désirs des enfants. Par exemple, ils peuvent coordonner le choix des thèmes pour les fêtes, les cadeaux et les activités, en veillant à ce que les deux parties contribuent et participent à la planification et à l'exécution de l'événement.

Maintenir la cohérence dans les célébrations est également important. Cela ne concerne pas seulement le maintien des traditions familiales que les enfants apprécient et attendent, mais aussi le fait de fournir un sentiment de stabilité et de normalité, indépendamment des dynamiques de co-parentalité. Les traditions familiales peuvent être un ancrage puissant pour les enfants, surtout en période de changement.

L'inclusion est un autre aspect crucial. S'assurer que les deux parents, et éventuellement leurs familles élargies, aient l'occasion de participer aux célébrations peut aider les enfants à se sentir aimés et soutenus de tous les côtés de leur famille. Cela pourrait impliquer la planification d'événements où les deux parents sont présents ou l'organisation de célébrations séparées qui permettent aux enfants de profiter du temps avec chaque parent individuellement.

Prioriser le bonheur des enfants dans la planification et l'exécution de ces célébrations est essentiel. Cela signifie mettre leurs besoins et leurs désirs au centre de toutes les décisions. Les parents doivent être conscients d'éviter que toute tension entre eux n'affecte l'expérience des enfants. L'objectif est de s'assurer que les enfants profitent pleinement de ces occasions, sans se sentir pris au piège au milieu des dynamiques de coparentalité.

Chapitre 14: Comprendre la Coparentalité avec un Narcissique du Point de Vue d'un Enfant

Les enfants qui coparentalisent avec un narcissique peuvent faire face à une variété de défis émotionnels et psychologiques. Cela peut inclure se sentir pris au milieu de conflits parentaux, faire l'expérience d'incohérences dans l'affection et l'attention, et faire face à des attentes irréalistes ou critiques. Comprendre comment les enfants perçoivent et traitent ces expériences est crucial pour leur fournir le soutien approprié.

Écouter les points de vue des enfants et valider leurs émotions

Écouter les perspectives des enfants et valider leurs émotions est un aspect crucial de la coparentalité, en particulier lorsque l'un des parents a des comportements narcissiques. Les enfants dans ces situations peuvent éprouver toute une gamme d'émotions, de la confusion et de la frustration à la tristesse et à la colère. Il est essentiel que les parents reconnaissent et valident ces sentiments, en offrant aux enfants un espace sûr où ils peuvent s'exprimer librement.

Écouter activement les enfants implique de prêter une attention complète à leurs préoccupations, sans les interrompre ou minimiser leurs sentiments. Cela aide non seulement les enfants à se sentir valorisés et compris, mais leur donne également l'occasion de traiter et de comprendre leurs propres émotions. Pour les enfants, savoir que leurs parents les écoutent et prennent leurs sentiments au sérieux peut être incroyablement réconfortant et renforçant.

Valider les émotions des enfants fait également partie intégrante de ce processus. La validation ne signifie pas nécessairement être d'accord avec tout ce qu'ils disent ou ressentent, mais plutôt reconnaître et accepter leurs émotions comme réelles et significatives. Par exemple, si un enfant exprime de la tristesse ou de la colère à propos de la dynamique de la coparentalité , les parents peuvent dire quelque chose comme : "Je comprends que tu te sentes triste. Il est normal de se sentir ainsi et je suis là pour toi". Cette validation aide les enfants à se sentir en sécurité et soutenus émotionnellement.

De plus, il est important pour les parents de s'assurer qu'ils offrent un environnement où les enfants se sentent à l'aise d'exprimer leurs pensées et leurs sentiments. Cela peut impliquer d'avoir des conversations régulières et de consacrer du temps à écouter activement sans distractions. Il peut également être utile de favoriser l'expression émotionnelle à travers des activités créatives telles que le dessin, l'écriture ou le jeu.

Aider les enfants à développer des mécanismes de gestion sains

Aider les enfants à développer des mécanismes de gestion sains est essentiel, surtout dans le contexte de la coparentalité avec un narcissique. Les enfants dans ces situations peuvent faire face à des défis émotionnels uniques et ont donc besoin d'outils efficaces pour gérer leurs sentiments et leurs réactions. Dans ce contexte, il est crucial que les parents leur fournissent un soutien et une orientation pour développer des stratégies de gestion qui favorisent leur résilience et leur bien-être émotionnel.

L'un des premiers pas pour aider les enfants à développer des mécanismes de gestion sains est de leur apprendre à reconnaître et comprendre leurs émotions. Cela implique des conversations ouvertes où ils sont encouragés à exprimer ce qu'ils ressentent et où ils sont aidés à identifier leurs émotions. Par exemple, on peut leur apprendre à donner un nom à leurs émotions, comme dire "je me sens triste" ou "je suis en colère", ce qui est une étape fondamentale pour la gestion émotionnelle.

Fournir des stratégies concrètes pour gérer le stress et les émotions difficiles est un autre aspect important. Cela peut inclure des techniques de respiration, des exercices de relaxation, des activités physiques ou la pratique de la pleine conscience. Ces techniques aident non seulement les enfants à se calmer en période de stress, mais leur donnent également un sentiment de contrôle sur leurs réactions et émotions.

Encourager l'expression créative est également un moyen efficace d'aider les enfants à traiter leurs sentiments. Des activités telles que le dessin, l'écriture, la musique ou le théâtre peuvent être des sorties thérapeutiques pour les enfants, leur permettant d'exprimer leurs émotions de manière sûre et constructive. Ces activités créatives peuvent être particulièrement utiles pour les enfants qui ont du mal à exprimer leurs émotions verbalement.

De plus, il est important que les parents modélisent des comportements d'adaptation sains. Les enfants apprennent beaucoup en observant les adultes dans leur vie. S'ils voient leurs parents gérer leurs émotions de manière positive et saine, ils sont plus susceptibles d'adopter des stratégies similaires. Cela peut inclure parler de la façon dont on gère le stress ou la frustration de manière constructive.

Encourager l'estime de soi et la résilience des enfants

Soutenir l'estime de soi et la résilience des enfants est un aspect fondamental de l'éducation, et cela revêt une importance particulière dans le contexte de la coparentalité avec un narcissique. Les enfants dans ces situations peuvent faire face à des défis uniques qui affectent leur perception d'eux-mêmes et leur capacité à s'adapter à des situations difficiles. Il est donc essentiel que les parents prennent des mesures actives pour encourager l'estime de soi et la résilience chez leurs enfants.

Encourager l'estime de soi chez les enfants implique de les aider à reconnaître et à valoriser leurs propres compétences, qualités et réalisations. Il est important de célébrer leurs succès, grands et petits, et aussi de les encourager à relever de nouveaux défis et opportunités d'apprentissage. Reconnaître leurs efforts et leurs progrès, plutôt que de se concentrer uniquement sur les résultats, aide les enfants à développer un sentiment de compétence et de confiance en eux-mêmes.

La résilience, la capacité à se remettre des difficultés et à s'adapter aux changements, est tout aussi cruciale. Pour développer la résilience chez les enfants, il est utile de leur enseigner que les revers et les erreurs font partie normale de l'apprentissage et de la croissance. Cela implique de les aider à voir les défis comme des opportunités d'apprendre et de se renforcer, plutôt que comme des échecs.

Encourager une mentalité de croissance, où l'effort et la persistance sont valorisés, est essentiel pour construire la résilience.

De plus, fournir un environnement de soutien et d'amour est essentiel pour le développement de l'estime de soi et de la résilience des enfants. Cela signifie leur offrir un espace sûr où ils se sentent écoutés, compris et acceptés. La communication ouverte et honnête, ainsi que le soutien émotionnel constant, offrent aux enfants la sécurité nécessaire pour explorer leur identité et s'exprimer.

Il est également important de modéliser l'estime de soi et la résilience. Les enfants apprennent en observant les adultes dans leur vie, il est donc important de leur montrer comment faire face aux difficultés, prendre soin de soi et adopter une attitude positive, car cela peut avoir un impact significatif sur leur développement émotionnel.

Enfin, impliquer les enfants dans des activités qui renforcent leur estime de soi et leur résilience peut être très bénéfique. Cela peut inclure des sports, des arts, des activités de groupe et d'autres expériences où ils peuvent développer des compétences, établir des liens sociaux et se sentir accomplis.

Chapitre 15 : Avancer : Prospérer après la Coparentalité avec un Narcissique

Prospérer après la coparentalité avec un narcissique est un voyage qui combine la guérison personnelle avec la redécouverte et la reconstruction de sa propre vie. Ceux qui ont vécu cette expérience sont souvent confrontés à des défis uniques, mais ils ont également des opportunités significatives de croissance et de transformation personnelle.

La guérison émotionnelle est une partie essentielle de ce processus. Après la coparentalité avec un narcissique, il est courant de se sentir émotionnellement épuisé ou de devoir faire face à des sentiments résiduels de frustration ou de tristesse. Trouver des moyens de traiter ces émotions, que ce soit par la thérapie, l'écriture réflexive ou la pleine conscience, peut être une étape cruciale vers la guérison. Ces pratiques aident non seulement à comprendre et à accepter ce qui s'est passé, mais aussi à libérer les émotions qui ont pu être refoulées.

Le développement personnel et la croissance émergent comme un objectif important pendant cette période. Les expériences vécues peuvent fournir des leçons précieuses et de nouvelles perspectives sur la vie. Beaucoup trouvent que c'est un moment pour réévaluer leurs valeurs, explorer de nouvelles passions et s'engager dans des objectifs personnels et professionnels qui semblaient auparavant inatteignables. Cela peut être un moment de redécouverte personnelle, où de nouveaux intérêts sont explorés et les priorités sont réaffirmées.

Construire un avenir positif implique de fixer des objectifs et des plans qui reflètent ses propres espoirs et aspirations. Cela pourrait signifier faire des changements de carrière, se consacrer à des projets personnels ou simplement adopter un mode de vie plus sain et équilibré. Trouver de la joie et de la satisfaction dans les petites choses de la vie quotidienne joue également un rôle important dans la construction d'un avenir gratifiant.

Dans le contexte de la coparentalité , il est toujours essentiel de maintenir une communication efficace et de respecter les limites établies. Avec le temps, et à mesure que l'on se renforce et gagne en clarté, la relation de coparentalité peut prendre une nouvelle forme, celle qui privilégie le bien-être des enfants et minimise le stress et les conflits.

Prospérer après la coparentalité avec un narcissiste ne consiste pas seulement à surmonter les défis passés, mais aussi à s'ouvrir aux possibilités de l'avenir. C'est un chemin vers la résilience, l'autonomisation et l'épanouissement personnel, où les expériences passées deviennent les fondations d'une vie plus riche et plus significative.

Reconnaître la croissance et les réalisations personnelles

Reconnaître la croissance personnelle et les réalisations après avoir navigué une relation de coparentalité difficile avec un narcissique est essentiel pour le bien-être émotionnel et l'estime de soi. Surmonter les difficultés inhérentes à cette dynamique nécessite souvent une grande force, de la patience et de la persévérance. Il est donc important de prendre un moment pour réfléchir aux progrès réalisés et célébrer les réalisations, quelle que soit leur taille.

La réflexion sur les réalisations personnelles est un outil puissant pour le développement personnel. Il peut être utile de consacrer régulièrement du temps pour évaluer les changements et les progrès réalisés. Cela peut inclure la reconnaissance de compétences améliorées en communication, une meilleure capacité à établir des limites saines, ou simplement le fait d'avoir gardé son calme et sa sérénité dans des situations stressantes. Reconnaître ces réalisations favorise une attitude positive et renforce l'estime de soi.

Célébrer les réalisations individuelles est également crucial. Cela implique non seulement de grandes victoires, mais aussi les petits pas qui ont été faits en chemin. Ces réalisations peuvent être aussi simples que d'avoir eu une conversation difficile de manière efficace, d'avoir trouvé de nouvelles ressources de soutien ou d'avoir maintenu un environnement positif pour les enfants malgré les circonstances. Trouver des moyens de célébrer ces moments, que ce soit en les partageant avec des amis ou en prenant simplement un moment pour soi, peut être incroyablement gratifiant.

Construire la confiance en soi est un processus continu sur le chemin du développement personnel. Reconnaître et valider ses propres forces aide à construire une base solide d'estime de soi. Cela peut inclure la pratique de l'auto-affirmation, la recherche de rétroaction positive de personnes de confiance ou la participation à des activités qui renforcent le sentiment de compétence et de réalisation.

Adopter la résilience est essentiel pour gérer et prospérer après des expériences difficiles. La résilience ne consiste pas seulement à survivre aux défis, mais aussi à en tirer des enseignements et à les utiliser comme une plateforme pour la croissance future. Développer une mentalité résiliente implique de voir les défis comme des opportunités, de maintenir une perspective positive même en période difficile et de savoir que l'on a la force et les ressources pour surmonter les adversités.

Cette approche axée sur la reconnaissance de la croissance personnelle et des réalisations est essentielle pour toute personne ayant coparentalisé avec un narcissiste. En réfléchissant aux progrès réalisés, en célébrant les réussites et en adoptant la résilience, on peut poser les bases d'un avenir plus brillant et satisfaisant, tant pour soi-même que pour les enfants. Ce processus honore non seulement le parcours personnel, mais établit également un modèle positif d'adaptabilité et de force pour les enfants.

Maintenir des limites saines et des pratiques d'autosoins

Maintenir des limites saines et des pratiques d'autosoins est essentiel pour protéger son bien-être, surtout après l'expérience de coparentalité avec un narcissique. Établir et maintenir ces limites est une façon de s'assurer de ne pas être submergé par les demandes ou le comportement de l'autre coparent et de protéger l'espace personnel nécessaire à la guérison et à la croissance.

Établir des limites saines signifie définir clairement ce qui est acceptable et ce qui ne l'est pas en termes d'interactions et de comportements. Cela peut impliquer de limiter la communication avec le narcissique à ce qui est strictement nécessaire pour la coparentalité , ou d'établir des règles claires sur comment et quand ces interactions auront lieu. Il est également important de rester ferme dans le maintien de ces limites, même lorsque l'autre coparent tente de les dépasser.

Fournir des conseils pratiques et des techniques pour établir ces limites est crucial. Il peut être utile de pratiquer des réponses à l'avance à des situations potentielles, afin d'être prêt à réaffirmer ses limites de manière calme et assertive. De plus, il est important de se rappeler qu'il est acceptable d'ajuster les limites à mesure que les circonstances changent ou en réponse à de nouvelles situations.

L'auto-soin joue un rôle tout aussi important dans la gestion de la coparentalité avec un narcissique. Cela implique de prendre des mesures conscientes pour prendre soin de sa santé émotionnelle et mentale. L'auto-réflexion est un outil précieux dans ce processus; elle peut aider à comprendre ses propres émotions et besoins, et à élaborer des stratégies pour les satisfaire. La pratique de la pleine conscience, comme la méditation ou des exercices de respiration, peut être efficace pour gérer le stress et maintenir le calme dans des situations difficiles.

Rechercher du soutien est un autre aspect crucial de l'autosoins. Cela peut impliquer parler à des amis ou à des membres de la famille de confiance, rejoindre un groupe de soutien ou chercher l'aide d'un professionnel à travers la thérapie. Ces ressources peuvent offrir une perspective externe précieuse, ainsi que des stratégies pour gérer les complexités émotionnelles de la coparentalité avec un narcissiste.

Construire une vie épanouissante après la coparentalité

Construire une vie épanouissante après la coparentalité , surtout après une relation de coparentalité avec un narcissiste, est un processus qui implique à la fois de clore un chapitre et d'en commencer un nouveau. Cette étape de la vie offre l'opportunité de se redécouvrir, d'embrasser de nouvelles opportunités et de poursuivre des objectifs personnels qui apportent joie et satisfaction.

Une partie fondamentale de ce processus est de s'ouvrir à de nouvelles opportunités. Après une période de coparentalité difficile, il peut être libérateur d'explorer des options qui semblaient auparavant inaccessibles. Cela peut inclure des changements de carrière, des voyages, la participation à des activités communautaires ou simplement l'exploration de nouveaux centres d'intérêt. Ces expériences offrent non seulement un sentiment renouvelé de liberté et d'aventure, mais elles aident également à élargir les horizons et à enrichir la vie.

Poursuivre des objectifs personnels est un autre aspect critique pour construire une vie satisfaisante. La période après la coparentalité peut être le moment idéal pour se concentrer sur des aspirations personnelles, qu'elles soient liées à l'éducation, à la carrière, à la santé ou à des passe-temps personnels. Fixer des objectifs et travailler pour les atteindre offre non seulement un sentiment d'accomplissement, mais aide également à retrouver un sentiment d'identité et de but.

Trouver du bonheur et de la satisfaction dans différents aspects de la vie est essentiel. Cela peut impliquer des plaisirs simples comme passer du temps avec des amis et la famille, s'engager dans des activités créatives ou profiter de la nature. Il est important de trouver des activités qui résonnent personnellement et qui apportent du bonheur. Ces activités peuvent être incroyablement thérapeutiques et aider à maintenir une perspective positive de la vie.

Reconstruire et renforcer les relations est un autre élément crucial. L'expérience de la coparentalité avec un narcissique peut avoir tendu d'autres relations. La période après la coparentalité est un moment opportun pour renouer avec ses proches, se faire de nouveaux amis et construire un réseau de soutien social. Cultiver ces relations peut apporter un sentiment d'appartenance et un soutien émotionnel.

Explorer de nouveaux passe-temps et centres d'intérêt peut être un chemin vers la croissance personnelle. Participer à de nouvelles activités permet non seulement de développer de nouvelles compétences, mais offre également une opportunité de rencontrer des personnes partageant les mêmes idées et d'élargir les cercles sociaux. Que ce soit en apprenant un instrument de musique, en rejoignant un club sportif ou en s'inscrivant à un cours d'art, ces passe-temps peuvent être des sources de joie et d'expression de soi.

Encourager la croissance personnelle, c'est plus que simplement poursuivre des passe-temps ou reconstruire des relations ; il s'agit du développement interne. Cela peut inclure l'auto-réflexion, des pratiques de pleine conscience, la lecture ou même la recherche d'ateliers ou de cours de développement personnel. Ces pratiques peuvent aider à mieux se comprendre, à développer l'intelligence émotionnelle et à favoriser une mentalité de croissance.

Conclusion

Tout au long de ce livre, nous avons navigué dans les eaux tumultueuses de la coparentalité avec un narcissique, explorant ses défis, ses impacts et les stratégies pour gérer cette dynamique complexe. Maintenant, en concluant, il est essentiel de réfléchir aux apprentissages et de regarder vers l'avenir, vers un avenir de croissance, de bien-être et de bonheur.

Tout d'abord, il est important de reconnaître la force et la résilience qui se sont développées tout au long de cette expérience. La coparentalité avec un narcissique est un défi qui met à l'épreuve la patience, la compassion et la force émotionnelle. Ceux qui ont parcouru ce chemin ont acquis des compétences inestimables : de la communication assertive et de l'établissement de limites à la gestion des émotions complexes et aux soins personnels.

Un aspect crucial de ce voyage a été de se concentrer sur le bien-être des enfants. Malgré les difficultés, maintenir un environnement stable et aimant pour eux a toujours été la priorité. Nous avons discuté de l'importance d'écouter et de valider leurs émotions, de favoriser leur résilience et leur estime de soi, et de veiller à ce qu'ils se sentent en sécurité et soutenus. Ces efforts bénéficient non seulement aux enfants dans le présent, mais posent également les bases de leur santé émotionnelle à long terme.

En ce qui concerne la reconstruction personnelle et le développement après la coparentalité, nous avons souligné l'importance de prendre soin de soi et de se développer personnellement. Trouver du temps pour soi, explorer de nouveaux centres d'intérêt, poursuivre des objectifs personnels et renouer avec ses propres désirs et besoins sont des étapes essentielles pour reconstruire une vie épanouissante et satisfaisante. Chaque petit pas sur ce chemin est non seulement un acte d'autosoins, mais aussi une affirmation de sa propre identité et de sa valeur.

De plus, nous avons examiné comment établir et maintenir des limites saines est vital non seulement dans la relation de coparentalité, mais dans tous les aspects de la vie. Ces limites protègent le bien-être émotionnel et mental, permettent une plus grande clarté dans les relations et favorisent le respect mutuel.

En regardant vers l'avenir, il est essentiel d'embrasser la vie avec une perspective positive et ouverte. Les défis auxquels nous avons été confrontés ont fourni des leçons précieuses qui peuvent être appliquées dans de nombreux domaines de la vie. La capacité d'adaptation, l'empathie et la compréhension approfondie des relations humaines sont des outils puissants qui ont été affinés dans ce processus.

À PROPOS DE L'AUTEUR

Lisette Ambrossini est une écrivaine passionnée par les sujets d'auto-assistance et de bien-être, se concentrant particulièrement sur l'autonomisation des femmes et des enfants. À travers ses écrits, Lisette cherche à offrir un refuge de sagesse et de soutien à ceux qui font face à des défis dans leur vie personnelle et familiale.

Son accent sur le bien-être émotionnel et le développement personnel se reflète dans son style d'écriture, qui allie compassion et conseils pratiques. Bien qu'elle ne soit pas une écrivaine prolifique, chacune de ses œuvres transmet une profonde compréhension des complexités émotionnelles auxquelles les femmes et les enfants sont confrontés dans le monde contemporain.

VOTRE AVIS COMPTE

Je voudrais vous inviter à laisser votre avis. Votre avis est très important et aide à la fois l'auteur à améliorer ses travaux futurs et les autres lecteurs à décider si ce livre est le bon choix pour eux. Veuillez partager vos impressions, critiques et suggestions.

Printed in Poland
by Amazon Fulfillment
Poland Sp. z o.o., Wrocław

35962876R00054